Apple
Le secret d'une incroyable réussite

Apple
Le secret d'une incroyable réussite

Ken Segall

FIRST Editions

Titre original : *Insanely Simple: The Obsession That Drives Apple's Success*

Première publication par :
Portfolio/Penguin, 2012

Édition française publiée en accord avec Portfolio, société membre de Penguin Group (USA), Inc. par :

60, rue Mazarine
75006 Paris – France
Tél. : 01 45 49 60 00
Fax : 01 45 49 60 01
Courriel : firstinfo@efirst.com
Internet : www.editionsfirst.fr

ISBN : 978-2-7540-4212-3
Dépôt légal : août 2012
Imprimé en France

Auteur : Ken Segall
Traduction : Laurence Chabard
Correction : Stéphanie Durteste
Mise en page : MADmac

Pour Jeremy,
le meilleur enfant dont un père puisse rêver.

Table des matières

« Simplifions, simplifions. »

Henry David Thoreau

« Simplifions. »

Apple

Préface

La vie est une combinaison de chances et de dons. Je ne prétends pas être la personne la plus douée de ma profession, mais certainement l'une des plus chanceuses. Que ce soit pour NeXT ou pour Apple, j'ai collaboré avec Steve Jobs pendant plus d'une décennie.

Ce ne fut pas toujours facile, et ma santé a pu même parfois s'en ressentir. Mais dieu que ce fut excitant ! Je crois que je ne remercierai jamais assez Steve pour les leçons qu'il m'a transmises.

Steve Jobs est décédé avant que j'aie terminé l'écriture de ce livre. Bien que sa mort fût attendue, quelque chose en moi se refusait à s'y préparer. J'espérais secrètement qu'il était en meilleure santé qu'il n'en avait l'air. Je ne pouvais me résoudre à imaginer le monde sans lui.

C'est ainsi que ce livre a peu a peu à peu revêtu un caractère plus intime. Je souhaite ici rendre hommage à Steve, à la fois pour ce qu'il a apporté au monde et pour ce qu'il m'a appris et donné personnellement.

Je n'ai pas inventé les concepts abordés dans ce livre. Je me suis contenté de les observer. Merci à toi, Steve, d'avoir rendu les choses si simples.

Introduction
Le sceptre de la Simplicité

L'équipe chargée du packaging pour Apple sortait juste de sa présentation devant Steve Jobs, et les visages de ses membres en disaient long. Ils n'avaient pas l'air dévastés, mais on voyait bien que les choses ne s'étaient pas passées comme ils l'espéraient.

Je compatissais, parce que je savais combien ils s'étaient impliqués dans leur projet depuis des semaines, à tenter de résoudre un épineux problème d'emballage. Comme je travaillais sur un autre projet dans le même immeuble, j'avais été invité à participer à plusieurs brainstormings dans leur salle ultra-sécurisée.

Alors que l'équipe décompressait après cette entrevue avec Steve, j'ai croisé le chef de projet dans l'espace cuisine réservé aux créatifs.

« Je meurs d'envie de savoir, j'ai dit. Comment ça s'est passé, ce matin ?

– Hé bien, il m'a répondu, Steve nous a tapé sur les doigts avec son sceptre de la Simplicité. »

Traduction : Steve Jobs avait refusé leur projet, non parce qu'il était mauvais mais parce que, d'une certaine manière, il ne parvenait pas à distiller l'idée pour la réduire à sa quintessence. La proposition de l'équipe bifurquait alors qu'elle aurait dû suivre une ligne droite.

Dans ce cas précis, ce ne sont pas les efforts créatifs qui déplaisaient à Jobs, mais le projet lui-même. Le chef de projet avait demandé à son équipe de réaliser des emballages spécifiques pour deux versions du même produit, et Steve Jobs avait décrété que c'était idiot. « Combinez-les, leur a-t-il dit. Un produit, une boîte. » Il était alors inutile d'envisager la création d'une deuxième boîte.

Il avait raison. C'était plus simple, plus rapide ; en un mot : mieux. La conversation avec Jobs fut brève, conduisant au final ce groupe de personnes très intelligentes et talentueuses à se demander pourquoi elles n'y avaient pas pensé plus tôt.

Le *sceptre de la Simplicité* symbolise une valeur fondamentale chez Apple. Tantôt il nous indique le chemin à suivre, tantôt il fait office d'instrument de punition. Dans tous les cas, le principe de Simplicité est ce qui différencie Apple des autres entreprises technologiques et l'aide à se distinguer dans notre univers complexe. Il y a chez Apple une croyance profonde, quasiment religieuse, dans le pouvoir de la *Simplicité*.

Comme tous ceux qui ont travaillé pour Apple peuvent le confirmer, la solution la plus simple n'est pas forcément la plus facile à trouver. Il faut parfois y consacrer beaucoup de temps, d'argent et d'énergie. On risque de froisser certaines susceptibilités au passage, mais la solution conforme à la Simplicité conduit presque toujours au meilleur résultat.

La Simplicité est une force motrice chez Apple depuis les tout débuts, du temps des « deux Steve » (Jobs et Wozniak). C'est elle qui les a inspirés lorsqu'ils ont conçu cet ordinateur capable d'aider l'être humain à réaliser des merveilles, au lieu de se contenter de traiter des données dans un recoin sombre.

La Simplicité a bien sûr guidé le développement du Macintosh, en réalisant le plus grand bond qui soit dans l'histoire de l'informatique : une interface graphique commandée par une souris. Et après tout, peu importe qui l'a *réellement* inventée : ce qui compte, c'est que le Macintosh est le premier ordinateur à avoir popularisé l'interface graphique.

Lorsque Steve Jobs a annoncé en public la sortie du Macintosh en 1984, il a utilisé une expression qui résonne encore, en le qualifiant de « follement génial ».

C'est le genre de folie qui nous a incités à faire la queue devant les magasins Apple pour voir cette merveille technologique de plus près. Avec le retour de Jobs chez Apple en 1997, après plus de dix ans d'exil, le grain de folie a également fait son retour, et on a vu de nouveau les queues se former devant les boutiques Apple. Steve Jobs a d'abord relancé les ordinateurs (avec l'iMac) avant de révolutionner la musique (avec l'iPod et iTunes), puis les smartphones (avec l'iPhone), et de réinventer les ordinateurs (avec l'iPad).

Toutes les innovations d'Apple sont nées de sa dévotion pour la Simplicité. Chaque nouvel appareil a soit créé une nouvelle catégorie soit bouleversé une catégorie existante. Tout cela parce que, comme le disait une ancienne publicité pour iMac, la technologie est « tout simplement incroyable et incroyablement simple ».

Mon expérience en marketing pour Intel, Dell, IBM et Apple me permet d'affirmer que l'intérêt d'Apple pour la Simplicité est unique. Cet intérêt va au-delà de l'enthousiasme et même de la passion ; c'est une véritable obsession.

C'est à Steve Jobs que l'on doit l'attachement d'Apple pour la Simplicité, et on le retrouve maintenant profondément ancré dans les gènes de la société, guidant des légions d'employés partout dans le monde. En récompense de cet attachement, Apple a la satisfaction d'engendrer des révolutions les unes après les autres… et d'engranger de très confortables revenus !

Pour le vérifier, il suffit de comparer les bénéfices d'Apple avec ceux de ses concurrents. Mieux encore, voyez le montant des bénéfices d'Apple par rapport aux bénéfices cumulés de tous ses concurrents. Au troisième trimestre 2011, Apple occupait 14 % du marché des smartphones, mais enregistrait plus de la moitié des bénéfices dans ce secteur. En ce qui concerne les ordinateurs, si la part de marché d'Apple est petite en volume (environ 5 % au niveau mondial), elle est beaucoup plus élevée en termes de bénéfices dans ce secteur.

La Simplicité n'explique pas à elle seule le succès d'Apple. L'esprit de décision, l'attitude visionnaire, le talent, l'imagination et beaucoup de travail y contribuent aussi. Mais la Simplicité est le fil conducteur qui relie toutes ces qualités. C'est elle qui dicte les innovations et le comportement d'Apple, et qui, par un lien indéfectible avec ses clients, les incite à faire du prosélytisme dans leur entourage.

La Simplicité n'a pas seulement permis à Apple de révolutionner le marché, mais de le révolutionner *à répétition*. Dans un monde en perpétuelle évolution technologique, la société à la pomme s'adapte à ces changements, mais sans jamais abandonner son principe de Simplicité, qui reste la seule constante. C'est grâce à ce principe qu'Apple transforme la technologie en petits bijoux tout simplement irrésistibles.

Il n'y a rien de secret dans la passion d'Apple pour la Simplicité. On la retrouve partout : dans ses produits, ses publicités, son organisation interne, ses boutiques et ses relations clients. Chez Apple, la Simplicité est un but, un style de travail et une règle.

Une question légitime se pose alors : si l'obsession d'Apple pour la Simplicité est si évidente, et les résultats financiers tout aussi indéniables, pourquoi les autres entreprises du secteur ne copient-elles pas ses méthodes pour réussir aussi bien ?

Réponse concise : ce n'est pas si facile !

La Simplicité n'est pas une pièce rapportée qu'on pourrait greffer sur une activité. On ne la trouve pas en version prête à l'emploi. Elle ne se déclenche pas avec un bouton marche/

arrêt. Et pourtant, elle est bien présente, à disposition de tous, du moins de ceux qui ont la détermination et le savoir-faire requis.

La Simplicité ne naît pas par génération spontanée avec la bonne combinaison de molécules, d'eau et de lumière. Elle a besoin d'un protecteur, de quelqu'un de déterminé à défendre ce sacro-saint principe de Simplicité et qui est capable de résister aux tentations de son double maléfique, la *Complexité*. Elle a besoin d'une personne disposée à mener un projet avec sa tête et son cœur.

Comme vous pouvez l'imaginer, il est préférable d'avoir le sceptre de la Simplicité en main plutôt que d'en recevoir un coup sur la tête. En adoptant les valeurs de la Simplicité, vous devenez celui qui promeut le changement, guide ses collègues dans la bonne direction et démontre ses mérites au profit de l'entreprise jour après jour.

Une vérité incontestable

Puisque ce livre traite de Simplicité, il importe de signaler que presque tout ce que vous allez lire ici découle d'une constatation : les gens préfèrent la Simplicité.

Si vous me trouvez trop schématique, je vais le reformuler ainsi : toute personne saine d'esprit, qui a le choix entre une voie simple et une autre plus compliquée, optera à coup sûr pour la première.

Si cette affirmation vous semble évidente, vous êtes en mesure d'apprécier l'une des caractéristiques les plus remarquables de la Simplicité : son *naturel*. Elle paraît naturelle et se comporte avec naturel.

Ne sous-estimez jamais à quel point les gens recherchent ce genre de clarté et y répondent positivement. Nous vivons dans un monde de plus en plus complexe, où la Simplicité n'est pas du tout facile à trouver. On en revient à la loi élémentaire de l'offre et de la demande : puisque la Simplicité est une denrée rare, elle en devient plus précieuse. De ce fait, toute capacité à simplifier les choses et à empêcher qu'elles se compliquent prend de la valeur.

Les gens de tout âge, religion, culture et opinion politique préfèrent la Simplicité. D'ailleurs, ce n'est pas une caractéristique de l'être humain. Cette préférence est programmée dans toutes les cellules vivantes. Pour toutes les décisions les plus anodines, la plupart des formes de vie sont d'accord : la voie la plus simple est beaucoup plus attirante.

Un humain, un chien, un poisson ou une amibe réagira plus positivement à la solution la plus simple, consciemment ou non. Les entrepreneurs qui comprennent, adoptent et exploitent cette vérité sont voués à mieux réussir que ceux qui l'ignorent.

Alors, si tous les êtres ont une préférence innée pour la Simplicité, pourquoi les affaires, et la vie, restent-elles aussi compliquées ? C'est qu'il y a un équilibre dans la nature. Parallèlement à cette notion merveilleuse de Simplicité coexiste cette force négative qu'on appelle *Complexité*. Celle-ci pouvant se révéler aussi puissante que séduisante, il ne faut jamais la sous-estimer.

Les partisans de la Complexité passent généralement inaperçus. Vous en croisez tous les jours dans le cadre de vos activités. Ces personnes sont persuadées que leurs méthodes compliquées sont plus ingénieuses. Il est parfois possible de leur faire entendre raison. D'autres fois, le mieux que nous puissions faire est de limiter leur nuisance. C'est paradoxal, mais nous devrions nous réjouir de l'existence des agents de la Complexité, car leur présence donne encore plus de valeur à la Simplicité.

La Simplicité donne du pouvoir aux individus comme aux entreprises. La question est de savoir si vous avez l'intuition et les compétences pour exploiter ce pouvoir à votre avantage dans vos affaires.

Vous les aurez bientôt.

Ce livre est-il un guide de marketing ?

Ce livre parle de l'obsession qui explique le succès d'Apple : la Simplicité.

Mais pour vraiment comprendre la Simplicité, savoir comment elle est mise en œuvre à tous les niveaux chez Apple et apprendre à l'exploiter, vous devez l'étudier en contexte. Et dans l'entreprise établie par Steve Jobs, presque tout est lié au marketing. Il n'est pas exagéré de dire que le marketing tient une place aussi importante dans la réussite d'Apple que les produits qu'elle conçoit.

Dans ces conditions, les anecdotes relatées dans ce livre ont-elles pour la plupart un rapport avec le marketing ? Certainement. Cet ouvrage vous sera-t-il utile si vous travaillez dans le marketing ? C'est sa raison d'être. Faut-il œuvrer dans le marketing pour tirer profit de ce livre ? Pas du tout.

Ce livre parle d'idées et de procédures, ou de comment réaliser le meilleur travail et assurer sa pérennité. Il s'agit d'aller du point A au point B plus efficacement et avec de meilleurs résultats. Ces principes s'appliquent à diverses activités, pas seulement au marketing.

Si vous traitez avec des clients, gérez une équipe, subissez des contraintes de temps ou coordonnez des groupes pour résoudre des problèmes délicats, ce livre saura vous inspirer pour améliorer votre travail, quelle que soit votre branche d'activité.

Même si vous ne connaissez rien en marketing, vous saisirez sans peine les situations décrites ici. Comme l'ont démontré des séries et des films parlant de ce domaine, comme *Mad Men*, le marketing est facile à comprendre. Et dans l'univers d'Apple, les histoires vraies sont aussi captivantes que la fiction.

Grâce à ce livre, vous deviendrez une petite souris dans la salle de conférence avec Steve Jobs. Vous aurez l'impression d'espionner ses appels téléphoniques nocturnes. Les conversations que je relate sont liées à différents aspects du marketing, mais elles mettent en lumière l'amour de la Simplicité qui fait qu'Apple *est* Apple. Ces anecdotes devraient aider votre entreprise à progresser avec la même approche qu'Apple.

En tant que directeur de création dans une agence de publicité, j'ai passé dix-sept ans à travailler dans l'univers d'Apple et de NeXT, en contribuant à la réalisation des campagnes de marketing qui ont défini l'image de ces deux sociétés. Ma tâche était de transformer des idées complexes en des histoires captivantes, prouesse que je vais tenter de réitérer dans ce livre.

La raison d'être de ce livre

La légende d'Apple a inspiré quantité d'ouvrages à son sujet. La plupart sont écrits par des journalistes ou des personnes extérieures à la société qui ont enquêté pour compiler diverses anecdotes.

Mon livre est différent.

L'idée centrale est que tous les domaines dans lesquels Apple excelle (matériel, logiciel, fabrication, stratégie, lancement de produits, relations publiques, marketing, distribution, *etc.*) ont pour point commun la Simplicité.

En comprenant comment la Simplicité a permis à Apple de devenir la première capitalisation boursière mondiale, vous pourrez appliquer ses principes à votre activité de mille et une manières. À l'instar d'Apple, vous pourrez exploiter la Simplicité pour distancer vos concurrents.

Pour être franc, je ne traite pas uniquement d'Apple dans ce livre. En tant que rédacteur technophile de longue date, j'ai œuvré de nombreuses années à créer les campagnes publicitaires d'autres grandes sociétés comme IBM, Intel et Dell.

C'est le contraste énorme entre la culture d'Apple et celle de ces trois sociétés qui m'a permis d'apprécier le pouvoir de la Simplicité. D'un côté, j'ai vu une entreprise s'envoler, propulsée par la Simplicité ; tandis que, de l'autre, j'étais témoin de vaines luttes quotidiennes contre la Complexité. Dans tous les domaines, j'ai rencontré des entreprises intéressées par la Simplicité, mais une seule en a fait une règle d'or, et a su se hisser à des hauteurs vertigineuses.

J'ai eu l'occasion de comparer Apple non seulement à d'autres sociétés, mais également à ce qu'elle fut précédemment. En plus d'offrir mes services à l'équipe de Steve Jobs, j'ai été directeur de création pour l'agence publicitaire d'Apple du temps où John Sculley en était le P-DG. Mon parcours m'a aussi amené à travailler pour Jobs chez NeXT, puis chez Apple.

Je présente dans ce livre un florilège d'anecdotes issues de ces différentes périodes. L'objectif est de dépeindre l'obsession qui a conduit Apple à sa réussite, en espérant que ces exemples sauront vous inspirer et vous être bénéfiques.

Une définition de la Simplicité

Pour une notion censée être évidente, la Simplicité est plutôt difficile à décrire. Il peut s'agir d'un choix, d'un sentiment ou d'une direction. On peut même l'envisager comme un esprit, car on se rend vite compte si l'on se trouve dans un lieu dévoué ou non à la Simplicité.

La Simplicité est l'enfant naturel de deux valeurs essentielles en affaires : l'*Intelligence* et le *Bon Sens*.

Puisque la plupart des gens possèdent ces deux qualités, on pourrait imaginer que la Simplicité règne partout. Or, ce n'est malheureusement pas le cas. À titre d'exemple, le Bon Sens suggère qu'au moment de la création du Zune Store, rival de l'iTunes Store, Microsoft aurait fixé un prix par morceau, comme chez Apple. Pas du tout : on a vu instaurer un système de points Microsoft, qui obligeait le client à acheter des centaines de points et à utiliser un taux de conversion de 80 points pour un dollar avant de pouvoir acheter un titre d'une valeur de 99 cents. Tout laisse à croire que l'inventeur de ce système manquait de Bon Sens et que ceux qui l'ont approuvé avaient laissé leur Intelligence au vestiaire !

En réalité, l'Intelligence et le Bon Sens sont souvent aux abonnés absents, même dans des sociétés fondées par de brillants cerveaux, comme Microsoft. Le responsable de ces aberrations est la Complexité, force égale et opposée à la Simplicité, dont elle est le fameux double maléfique. Si l'on pouvait mesurer l'équilibre actuel entre ces deux forces, on constaterait sans doute que la Complexité l'emporte.

C'est à cause de l'existence de la Complexité, et de l'accueil que nous lui réservons, que même les personnes dotées des meilleures intentions (ainsi que d'Intelligence et de Bon Sens) échouent parfois dans leur quête de Simplicité.

Simplicité et Complexité s'opposent dans une lutte mortelle depuis l'aube des civilisations. Et la Complexité fait, hélas, partie de la condition humaine. Nous avons tous (Steve Jobs inclus) une dose de Complexité en nous. D'ici la fin de ce livre, vous verrez que même Jobs, grand défenseur de la Simplicité, a réussi à fauter, ne serait-ce que quelques instants, victime de la Complexité qui l'habitait !

Contrairement à la Simplicité, normalement parée d'une certaine élégance, la Complexité n'est pas belle à voir. Qui plus est, elle est immortelle. Mais, rassurez-vous, la Simplicité l'est aussi. La force positive est capable de vaincre les défis de la force obscure, à condition que quelqu'un prenne sa défense.

Par bonheur, vous ne serez pas désarmé grâce aux leçons que vous pourrez tirer de la société adepte de la Simplicité. Comme Apple, vous pourrez exploiter le pouvoir de la Simplicité pour vous démarquer dans un monde complexe.

Même si vos concurrents sont plus forts ou plus riches, vous serez armé du sceptre de la Simplicité.

Préparation au combat

Durant mes années de travail avec Steve Jobs et l'équipe de marketing d'Apple, je me suis rendu compte avec évidence que j'évoluais dans un univers particulier. J'ai donc pris l'habitude de signaler par un astérisque dans mes notes les anecdotes mémorables et les décisions capitales dont j'étais témoin. Je tenais à dresser la liste des éléments qui différencient Apple des autres sociétés pour lesquelles j'avais travaillé.

En relisant mes notes, j'étais dérouté de trouver des astérisques partout. Mais après une analyse sérieuse, j'ai compris que chacune de ces remarques avait un lien plus ou moins direct avec l'obsession d'Apple pour la Simplicité. Bien que cette obsession se manifestât sous des formes très diverses, les moments remarquables que j'avais notés formaient un schéma général. J'en ai extrait dix éléments-clés du principe de Simplicité.

Ces éléments ne sont pas la propriété d'Apple ni de quiconque. Ils nous appartiennent à tous. Steve Jobs exploitait la Simplicité comme personne, mais il n'en avait pas l'exclusivité.

Si vous êtes prêt à combattre la Complexité, vous aurez de quoi faire, car vous êtes certainement entouré par l'ennemi. À moins que vous n'ayez la chance inouïe de travailler dans une entreprise dépourvue de Complexité, elle s'est insinuée partout : dans la hiérarchie de la société, dans ses objectifs et chez la plupart de vos collègues. Si votre entreprise fait faillite un jour, vous pouvez être sûr que ce ne sera pas la faute de la Simplicité, mais plutôt de son absence.

Dans chaque chapitre de ce livre, je vais mettre l'accent sur l'un des éléments-clés de la Simplicité en vous montrant comment Steve Jobs et la dévotion d'Apple pour ces principes ont conduit la société à prendre les bonnes décisions. À l'issue de votre lecture, vous comprendrez comment tous ces éléments s'emboîtent et disposerez ainsi d'une arme puissante pour faire progresser votre entreprise.

Retenez que la Simplicité est plus qu'un objectif, c'est une compétence. Pour tirer profit de son pouvoir, vous devez bien la maîtriser, ce qui nécessite de la pratique. Et c'est là que ça devient délicat, parce que maîtriser la Simplicité n'est pas une mince affaire. Ce n'est pas une chose qui s'apprend : il faut intégrer la Simplicité au point d'en faire une seconde nature.

Il importe aussi que vous compreniez que la Simplicité n'est pas un buffet dans lequel vous sélectionnez ce qui vous plaît. Il faut l'adopter en entier. En effet, si votre compréhension ou vos compétences sont incomplètes, vous ne serez pas de taille à lutter contre la Complexité, qui, elle, connaît toutes les astuces.

Chapitre 1
Parler avec franchise

Steve Jobs attendait dans la salle de conférence à l'autre bout du bâtiment, et j'imaginais qu'il avait envie de me tuer.

Et pourtant, je n'avais rien fait de mal. J'avais juste démissionné de mon poste, très convoité, de directeur de création au sein de l'agence publicitaire opérant pour Apple à Los Angeles, afin d'occuper le même poste à New York auprès de NeXT, la nouvelle société de Steve.

Le seul problème est que personne n'avait pensé à lui proposer de me recevoir en entretien avant mon embauche ; et apparemment, cela lui déplaisait fort.

Je n'étais donc pas tranquille en me rendant à cette première entrevue avec Jobs. Sans être paralysé par la peur, je préparais néanmoins un plan de secours si les choses devaient mal tourner à l'issue de cette réunion.

Je travaillais alors pour la prestigieuse agence Ammirati & Puri, bien connue pour ses publicités pour BMW. C'est Ralph Ammirati en personne qui m'a accueilli sur place et prévenu de son léger faux pas envers Steve. Il était certain que cet incident serait sans conséquence, mais son assurance me laissait penser qu'il avait déjà un remplaçant en tête pour mon poste. Qui pourrait refuser une telle opportunité ? Steve Jobs n'était plus chez Apple, mais son charisme et sa notoriété restaient intacts.

Je n'avais encore jamais travaillé pour Jobs, mais je l'appréciais. Mon patron et mentor chez Apple à Los Angeles était Steve Hayden, responsable du lancement du Macintosh lorsqu'il œuvrait pour l'agence publicitaire Chiat\Day. On lui doit le célèbre spot *1984* d'Apple, qui a transformé le Super Bowl en événement publicitaire majeur, et qui est considéré par beaucoup comme la meilleure publicité jamais créée. Hayden m'avait raconté pas mal d'anecdotes à propos de sa collaboration avec Jobs, et j'allais maintenant vivre tout ça personnellement… à condition de survivre à ce premier rendez-vous !

Bizarrement, bien que les bureaux de NeXT fussent situés au sud de San Francisco, j'ai dû quitter Los Angeles et m'établir à New York pour réaliser mon rêve. Steve avait choisi l'agence Ammirati & Puri parce qu'il voulait travailler avec les meilleurs. Il avait adoré ses publicités pour BMW (*The Ultimate Driving Machine*) et pour la société de livraison UPS (*We run the tightest ship in the shipping business*), et demandé à son équipe marketing de trouver qui avait bien pu les réaliser. Dès qu'il a su que la même agence était à l'origine des deux publicités, Ammirati est devenue son agence attitrée.

Ainsi, le cœur battant la chamade, j'ai longé le couloir en direction de la salle de conférence, respiré à fond, puis ouvert la porte. Steve était là, debout, en train de discuter avec Ralph Ammirati qui, d'un signe de la main, m'a invité à m'approcher pour me présenter au patron. Steve m'a souri, puis serré la main en entamant la conversation.

« Alors, j'ai entendu dire que vous avez fait les pubs pour Apple. »

J'ai pris ça comme un signe prometteur. Peut-être m'avait-il déjà adopté ?

« Ouais », j'ai répondu fièrement. Après tout, mon travail avait été primé plusieurs fois !

« J'ai bien aimé vos spots télévisés », a dit Steve, renforçant ainsi un peu plus mon assurance. Puis, en me regardant toujours droit dans les yeux et avec un sourire des plus chaleureux, il a ajouté : « En revanche, la pub magazine, quelle merde ! »

C'est le genre de situation où l'on ne sait comment réagir, mais où il faut se décider très vite de la marche à adopter. Sans savoir pourquoi, j'ai mobilisé tous mes efforts pour conserver mon sourire.

« Merci » a été tout ce que je suis parvenu à répondre. J'étais en train de le remercier de m'avoir dit que mon travail était nul ! Mais finalement, ça ne me dérangeait pas. Il n'y avait pas de méchanceté dans les propos de Steve ; il était juste spontané. J'étais satisfait au moins que la glace fût rompue, même si mon ego en avait pris un coup. J'ai soudain eu le sentiment que j'allais avoir l'occasion de faire mes preuves et que le résultat dépendrait de mon seul talent.

Pour tout dire, c'est seulement quelques années plus tard que j'ai repensé à cette première rencontre et compris à quel point elle était annonciatrice de nos échanges à venir. Je n'ai pas jugé Steve Jobs gentil ou sévère, ni cherché à deviner s'il m'approuvait ou non. Il était juste direct avec moi, et notre relation au fil des ans est toujours restée aussi *simple*. La Complexité n'avait pas davantage sa place dans les relations professionnelles de Steve que… des boutons inutiles sur son iPod.

Pour le dire sans ambages : *franc-parler* égale *Simplicité* ; *parler avec détours* égale *Complexité*.

Les mois suivants, j'ai appris que cette attitude était typique de Jobs. Il avait l'habitude de dire ce qu'il pensait, sans se soucier de la façon dont son interlocuteur pouvait percevoir ses critiques.

Rares sont ceux qui ont la volonté ou la capacité d'être aussi honnêtes en permanence. Et ce n'est pas par sournoiserie :

c'est juste que, dans certaines circonstances, nous répugnons à mettre les autres mal à l'aise. Nous cherchons soit à ménager leur susceptibilité, soit à éviter de briser la bonne ambiance qui régnait jusqu'alors. Ce genre de considérations ne comptait pas pour Steve. Que vous fussiez ou non son ami, la vérité était *la* vérité et son opinion était *son* opinion. Rien ne venait nuancer ce qu'il avait à dire, qu'il vous aimât ou non, et qu'il appréciât ou non votre travail n'entrait jamais en ligne de compte.

Pour avoir collaboré avec les équipes marketing d'Intel et de Dell, je peux vous assurer qu'un franc-parler aussi direct est plutôt chose rare. Dans le monde du travail, on préfère mettre les formes et se permettre de lâcher quelques vérités de temps à autre.

Prenons un exemple : on vous annonce que votre projet n'a pas du tout plu au P-DG, alors que ses critiques ne portaient que sur quelques détails faciles à corriger. Le porteur du message aura réinterprété et transformé ce dernier plutôt que d'en faire une restitution fidèle. Cet intermédiaire, dans ce cas votre client, a sans doute des raisons personnelles de percevoir les choses ainsi. Dès lors, vous n'avez pas les vraies informations en main, votre équipe doit se replonger dans le projet, et voilà que la Complexité a fait intrusion dans cette relation d'affaires et commencé à causer des dégâts irrémédiables…

Quand vous travaillez avec Apple, vous savez exactement où vous en êtes, quels sont les objectifs et les dates de remise du projet. Vous connaissez aussi les conséquences en cas d'échec.

La clarté fait avancer l'entreprise. Je parle d'une clarté non occasionnelle mais omniprésente, permanente, directe et sans compromis. Les employés se rendent rarement compte que leur entreprise manque de clarté, mais c'est pourtant le cas à 90 %. Ouvrez quelques messages sur votre compte e-mail professionnel pour vous en convaincre. Les messages embrouillés sont légion. Si soudain les gens s'exprimaient de façon directe dans leurs e-mails, nous passerions deux fois moins de temps à trier notre courrier !

Steve Jobs demandait aux autres de s'exprimer de façon directe, comme il le faisait lui-même. Il n'avait pas de patience avec ceux qui tournaient autour du pot. Il vous coupait la parole si vous n'alliez pas droit au but. Il menait son entreprise comme s'il n'avait pas une minute à perdre, ce qui reflète bien la réalité, et ce que devrait faire toute société ambitieuse.

La communication directe est l'élément de Simplicité le plus facile à instituer. Contentez-vous d'être franc et de ne rien dissimuler. Exigez la même attitude de vos collaborateurs. Vous allez en contrarier certains, mais au moins tout le monde connaîtra la position de chacun. 100 % du temps de votre équipe seront consacrés à aller de l'avant puisque vous n'aurez plus besoin de décoder ce qui se dit.

Steve Jobs renvoie l'image d'un horrible tyran qui exigeait allégeance, hurlait ses ordres et semait la terreur autour de lui. Ces descriptions sont exactes, mais parallèlement il pouvait se montrer drôle, chaleureux et même charmant. Il y a une grande différence entre une attitude rudement franche et de la pure rudesse.

Le fait d'être direct avec les gens ne suffit pas à vous transformer en monstre sans cœur. Rien ne vous oblige à devenir manipulateur ou mesquin. Il s'agit seulement de dire ce qui doit être dit pour permettre à votre équipe de fournir les meilleurs résultats possibles.

Des standards inflexibles

Rares sont ceux qui n'éprouvent aucune compassion pour autrui. Même si nous ne l'exprimons pas clairement, nous nous soucions de ceux qui nous entourent, du moins un peu. Aussi, quand nous voyons nos collègues se tuer à la tâche et sacrifier leur vie personnelle pour les bienfaits de la société, nous sommes enclins à les aider. Mais la Simplicité est sans merci : la notion de « presque » n'existe pas quand on cherche à simplifier les choses.

L'agence Chiat\Day, qui a longtemps travaillé pour Apple, est restée célèbre pour ses T-shirts à messages (et un livre a d'ailleurs été consacré aux meilleurs d'entre eux). Il y en a un, très connu, destiné à lutter contre la tendance à se contenter du presque parfait, avec le message : « Assez bien n'est pas assez ».

Pour Steve Jobs, ce mot d'ordre n'était pas assez sévère. Ces standards devaient être respectés sans exception. Même si cela dérange certaines personnes ou les incite à vous maudire, vous ne devez pas vous laisser convaincre d'accepter une chose quand vous savez qu'il y a moyen de faire mieux. Jamais. Se contenter d'un résultat médiocre, faute de mieux, est une violation des règles de la Simplicité qui va forcément engendrer des déceptions, du travail supplémentaire et encore des réunions. Le plus gênant est que cela vous mettrait dans une situation très inconfortable en étant obligé de défendre une idée à laquelle vous n'avez jamais cru.

Votre mission est de devenir intraitable pour instaurer vos standards, et ce de façon impitoyable. Si vous soumettez seulement des travaux auxquels vous croyez à 100 % et approuvez seulement les projets qui vous conviennent à 100 %, vous possédez une chose que personne ne peut vous retirer : votre *intégrité*.

Comme il arrive souvent dans la vie, on doit parfois être en proie au doute avant d'acquérir une conviction. Je n'en suis pas fier, mais c'est ainsi que j'ai appris ma leçon à propos des standards.

Après une semaine de labeur acharné avec plusieurs équipes de créatifs, je devais choisir quelles annonces présenter à Steve Jobs le jour suivant. C'était le moment crucial, et c'était justement là qu'il fallait se montrer exigeant.

Je ne sais pas ce qui m'a pris ce jour-là, un moment d'inattention peut-être. Une équipe s'était défoncée sur ce projet et croyait passionnément à ses propositions. Pour ma part, ça ne me plaisait pas. Mais comme ils m'ont pratiquement supplié de garder leur travail dans la présentation, je me suis laissé amadouer, en oubliant mes standards.

Quand j'ai rencontré Steve Jobs, j'ai étalé les propositions sur la table. Il a tout de suite pointé les annonces douteuses en disant : « C'est une équipe de stagiaires qui a fait celles-là, n'est-ce pas ? »

Pris la main dans le sac ! En vérité, je pensais que ces annonces étaient *assez bien* et les avais incluses avec d'autres séries que je trouvais bien meilleures. Et là, elles nuisaient à la qualité de ma présentation. J'avais choisi la solution de facilité, mais ce n'était pas la plus intelligente. J'avais alors à regagner les points de crédibilité que je venais de perdre auprès de Steve. Au final, je m'étais compliqué la vie.

J'ai pris à cœur les reproches de Steve. Je savais que j'avais eu le bon instinct au départ, mais je m'étais autorisé un compromis. Que mes intentions fussent bonnes ou mauvaises, l'effet était le même. Cette expérience a suffi pour me convaincre de ne plus jamais me mettre dans une position où j'aurais à défendre une chose à laquelle je ne crois pas.

Chez Apple, tous les managers sont chargés de faire appliquer à la lettre des standards très stricts. Si vous prévoyez d'adapter vos standards au cas par cas, la Simplicité ne sera jamais votre alliée. Les compromis vous ramèneront souvent au point de départ et finiront par vous discréditer auprès de vos partenaires.

De la rudesse, mais avec style

Les P-DG sont souvent décrits comme des êtres aussi odieux qu'implacables, exigeants et invivables. Et les anecdotes de ce genre à propos du dénommé Steve Jobs ne manquent pas.

Jobs pouvait en effet se montrer pénible et impitoyable, mais sans être pour autant insupportable. J'ai été témoin de plusieurs scènes où ses collaborateurs se sont fait critiquer vertement, mais quelques-uns seulement n'ont pas supporté l'épreuve et ont préféré démissionner. La plupart des gens comprenaient qu'il les poussait à bout pour une bonne raison. Ils savaient que se faire réprimander par lui n'avait rien de fatal.

On pouvait se consoler en sachant que Steve Jobs remettait les compteurs à zéro après chaque réunion. Si vous aviez eu un échange houleux avec lui un jour, le lendemain les choses reprenaient leur cours normal. À moins, bien sûr, que vous ne relanciez le débat ou trouviez une autre raison de le contrarier lors de la réunion suivante. Comme Jobs n'était pas rancunier et oubliait tous ses accrochages, il parvenait à faire abstraction de tout épisode négatif appartenant au passé. Vous pouviez passer pour un cancre un jour sans avoir à porter le bonnet d'âne le lendemain. Pour regagner ses bonnes grâces, il nous suffisait de donner la preuve de nos compétences.

Tous ceux qui ont travaillé avec lui un certain temps ont des quantités de bonnes histoires à raconter. Certaines sont amusantes, surtout pour ceux qui n'étaient pas les victimes des caprices de Steve.

Steve Jobs avait de l'esprit et raillait souvent avec humour le système hiérarchique propre aux autres entreprises. Voici une anecdote qui date des débuts du Macintosh. L'un des employés de l'agence Chiat\Day se présente spontanément à Jobs sur un plateau de tournage :

« Que faites-vous à l'agence ? lui demande Steve.

– Je suis comptable.

– Oh, alors vous comptez beaucoup. »

Derrière son trait d'ironie, Steve ne plaisantait pas. Il pouvait très bien dépenser des millions dans les projets qui lui tenaient à cœur. Il était capable de renoncer aux dépenses engagées s'il décidait soudain de changer de stratégie. (Il a, par exemple, mis un terme à l'une de nos campagnes télévisées juste avant le début du tournage, en perdant au passage plus d'un million de dollars.) Il détestait avant tout ne pas en avoir pour son argent ou dépenser ce dernier bêtement. Il avait une piètre estime pour les gestionnaires et intermédiaires, et réservait son respect à ceux qui produisaient quelque chose.

Je peux aussi vous raconter la fois où Steve a reçu en entretien un candidat de Chiat\Day pour gérer ses activités mondiales. Steve était impressionné par les publicitaires qui font des merveilles pour les grands comptes, et cette personne avait un parcours sans faille. Il était à la tête des campagnes des sociétés les plus en vue, dans l'agence la plus cotée du pays. Sûre et certaine que Steve Jobs n'aurait rien à reprocher à ce candidat, Chiat\Day l'avait envoyé le voir.

« Et qu'est-ce que vous faites maintenant ? demanda Steve.

– Je suis le directeur international du compte Nike chez Wieden & Kennedy », répondit-il, persuadé de posséder les bonnes cartes en main.

Steve marqua une pause. C'était un grand admirateur de la marque Nike.

« C'est vraiment formidable, ce que fait Nike, et depuis longtemps, dit Steve.

– Merci, dit le candidat.

– Alors… votre travail doit consister à ce que ça ne parte pas en vrille », conclut-il.

Au final, Steve approuva cette embauche. Il voulait juste s'assurer que le candidat comprenait la différence entre travailler sur un compte nécessitant beaucoup d'efforts, comme celui d'Apple à l'époque, et maintenir le compte d'un client déjà au sommet. C'est le type de franchise que Steve manifestait avec tout le monde, avec les candidats à l'embauche comme avec ses collaborateurs.

Je dois remercier Steve pour la réunion la plus pénible de ma vie, du temps de NeXT. Nous avons alors eu droit à un orage de rude franchise. Mais pour que vous compreniez la situation, laissez-moi vous en dessiner un peu le contexte.

Quelques années après la création de la société NeXT, Jobs était prêt à lancer son premier produit, l'ordinateur NeXT. Nous étions donc chargés de créer sa première campagne publicitaire. Compte tenu de l'importance qu'il accordait à la publicité et de l'enjeu en cours pour sa société, cette présentation était plus que cruciale.

À l'époque, comme l'agence commençait juste à travailler pour Steve Jobs, il n'aurait pas hésité à nous lâcher s'il ne nous estimait pas à la hauteur. De plus, comme nos bureaux étaient à plus de quatre mille kilomètres de NeXT, la relation pouvait facilement dégénérer.

Comme l'enjeu était important, le directeur de l'agence, Ralph Ammirati, avait fait appel à sa conceptrice free-lance préférée pour nous aider à trouver un design original pour la campagne NeXT. Cette image allait ensuite définir tous les prochains supports marketing de NeXT. C'était une femme très douce qui avait une longue expérience auprès de Chiat\Day. Elle avait un goût exquis, des tas de récompenses à son actif et une grande motivation à remplir cette mission. À première vue, c'était la recrue idéale.

Et pourtant, cette conceptrice, avec le soutien de toute l'agence, a fait une proposition que je qualifierais de contresens le plus stupéfiant de toute l'histoire de la publicité informatique. Elle avait eu cette brillante idée que Steve Jobs devrait faire le lancement tant attendu de sa société de super haute technologie avec une image décalée de style rétro. Elle avait conçu des annonces pleines de texte entourant des images et décrivant les fonctionnalités de l'ordinateur NeXT. Au lieu de mettre des photos montrant l'ordinateur le plus moderne, elle avait choisi des illustrations dessinées à la main en noir et blanc de style pochoir. C'est sûr, les images avaient un charme vieillot, carrément ringard, et totalement déplacé dans ce contexte.

Avec du recul, on voit bien que c'était une erreur colossale. Mais à l'époque, quand l'agence se démenait pour trouver quelque chose de différent, nombre de brillants publicitaires avaient trouvé l'idée géniale. Lors de la première présentation dans les locaux de NeXT, Jobs avait été atterré en regardant notre travail et l'avait rejeté tout de suite. Voilà quel était le contexte de la réunion, tenue la semaine suivante, et qui s'est révélée si pénible.

Nous sommes arrivés chez NeXT avec de nouvelles propositions et une nouvelle approche. Nous avons refait les publicités avec un aspect beaucoup plus moderne, prêts à nous racheter. Mais alors que nous commencions à déballer les dossiers au début de la réunion, Steve Jobs a dit : « Bon, écoutez, avant que nous regardions vos planches, je voudrais parler de ce qui s'est passé la semaine dernière. »

Sa voix était calme, ne laissant rien présager de la suite. Mais à mesure qu'il parlait, le ton est monté ; il est devenu de plus en plus agité et colérique, au point de nous insulter en hurlant. En bref, son message était : « Le travail que vous m'avez montré la semaine dernière, c'était de la merde. Vous saviez que c'était nul, et pourtant vous avez fait tout ce chemin pour me le montrer. C'est inacceptable, et cela ne doit plus jamais se reproduire. Plus jamais ! »

Il fallut reconnaître qu'il avait fait preuve de franchise ; mais du point de vue de l'agence, ce n'était pas la meilleure tactique pour instaurer une bonne ambiance avant cette nouvelle présentation conçue pour regagner sa confiance. Heureusement, il a fini par s'enthousiasmer pour nos nouvelles publicités, et cela nous a fait du bien, même si nos oreilles bourdonnaient encore des remontrances subies plus tôt. Nous avons défini ce jour-là la signalisation visuelle que NeXT a utilisée durant toute son existence pour ses campagnes : un aspect moderne avec de gros titres noirs et des photos, du même style que les pubs BMW qui avaient motivé Steve Jobs à nous choisir.

En ce qui concernait notre travail, nous étions sortis d'affaire. Sa crédibilité étant restaurée, l'agence était prête à se lancer dans la production. Mais pas si vite !

Comme il l'avait fait au début de la réunion, Steve Jobs s'est senti obligé de nous faire un petit discours. Désormais rassuré par la qualité de notre travail, il voulait revenir sur ce qu'il avait dit tout au début. Il nous a dit regretter de s'être mis en colère. Il a expliqué qu'il avait beaucoup repensé à notre première réunion. Il avait d'abord songé à ne rien dire avant de voir la qualité de notre nouveau travail, mais il estimait qu'il était important de mettre les choses au clair, et c'est pourquoi il s'était exprimé avec véhémence.

Apaisé et satisfait par nos nouvelles propositions, il jugeait maintenant utile de nous faire connaître ce qu'il pensait de nous après quelques mois de collaboration. Il allait faire le tour de la pièce en nous notant un par un. J'avais la chance d'être assis au bout de la table et de passer en dernier, ce qui m'a permis de l'observer déverser sa rude franchise à petites doses bien choisies.

Le gestionnaire du compte reçut un A. Steve était très content de la manière dont les choses étaient gérées du côté commercial. Le chargé de communication reçut un B+. Il était compétent, mais Steve n'était pas entièrement emballé. Vint ensuite le tour de mon partenaire, le directeur artistique. Mauvaise nouvelle pour lui : il a écopé d'un F. Steve le tenait pour responsable du fiasco de la semaine précédente, même si le travail avait été fait par notre D. A. secret. « Si vous ne pouvez pas faire mieux que ça, vous devrez trouver un remplaçant », lui asséna Jobs.

Enfin, ce fut mon tour. Je me félicite d'avoir reçu un A–, assorti de ce commentaire : « Vous vous débrouillez bien, mais il faut vous détacher davantage du vieux style Chiat\Day. »

Cette remarque était intéressante à double titre, quand on connaît l'histoire d'Apple. D'une part, Chiat\Day avait réalisé des prouesses pour Apple et contribué grandement au succès du premier Macintosh. On aurait donc pu imaginer que Steve Jobs serait content de retrouver un certain style Chiat\Day. D'autre part, dix ans après cette conversation, et avec un grand enthousiasme, il a choisi Chiat\Day comme agence publicitaire d'Apple quand il y a retrouvé son siège de P-DG.

Après cette séance de notation, le directeur artistique, déprimé, et le reste de l'équipe, plutôt satisfait, sont repartis vers New York. Nous avions enfin réussi à fournir à Steve Jobs une campagne qui l'emballait et, grâce à sa franchise, nous savions tous à quoi nous en tenir.

Ce n'est pas toujours facile à entendre, mais il importe de connaître l'état de ses relations : savoir ce qu'on a bien ou mal fait et comment garantir un avenir radieux. Ces mises au point avec Steve Jobs ont parfois été très déplaisantes, mais nous en avons tous tiré bénéfice. Quand on laisse les malentendus en suspens, on passe trop de temps à regarder en arrière au lieu d'aller de l'avant. Et c'est là que la Complexité s'insinue. Dans l'univers simplifié de Jobs, il n'y avait pas de place pour ce genre de problèmes superflus.

La tourelle rotative

Le quotidien chez Apple tournait parfois au drame. Les règles étaient bien connues, et quiconque y dérogeait devait s'attendre à essuyer les foudres de Steve.

Nul n'ignorait qu'il ne supportait pas la bêtise. Il pouvait se montrer grossier face au manque d'intelligence. Il n'aimait pas du tout travailler avec des idiots, si bien que les employés d'Apple qui tenaient à y rester avaient tout intérêt à ne pas manifester leur manque de finesse dans une réunion avec Steve. Autrement, ils étaient certains de déclencher une crise et de recevoir un tir entre les deux yeux.

Un ancien responsable d'Apple se rappelle un numéro dont il a souvent été témoin ; il l'appelle « la tourelle rotative ». Il était impossible de prévoir à quel moment elle allait se déclencher, puisque ça dépendait du déroulement des conversations. Lors d'une réunion quelconque, à un moment donné, un pauvre gars dans la salle pouvait dire un truc que tous les autres savaient susceptible de déclencher la colère de Steve.

Ça commençait par un silence gêné.

La remarque déplacée résonnait dans l'air, puis on avait l'impression d'une scène au ralenti pendant que les capteurs internes de Steve s'orientaient vers l'origine de l'onde sonore. On pouvait presque entendre le mécanisme de sa « tourelle » se mouvoir vers le coupable. Tout le monde savait ce qui allait arriver, sans pouvoir l'empêcher.

Enfin, la tourelle de Steve bloquait sa position face à sa cible. En moins d'une seconde, il déclenchait le tir et vidait son chargeur sans ménagement. Il était pénible d'assister à ce genre de scène et encore plus douloureux d'être la cible, mais c'était chose courante chez Apple.

Apprendre à encaisser les coups

Avec un P-DG sans retenue, déterminé à vous remettre à votre place, vous pourriez imaginer que les couloirs d'Apple étaient jonchés de cadavres En fait, seuls les cadres traitaient directement avec Steve, et vous pouviez vous faire réprimander sans être obligatoirement licencié. Si vous quittiez la pièce en étant toujours employé, vous en sortiez fortifié. Après quoi, vous faisiez partie des survivants. Ce type d'épreuve renforce l'immunité contre les attaques, frontales et autres.

Faire une dépression au bureau n'étant jamais une bonne chose, il est préférable d'avoir une cuirasse solide. Je suis fier d'annoncer qu'au cours de la dizaine d'années où j'ai travaillé directement avec Steve, entre NeXT et Apple, je n'ai subi son courroux qu'à deux reprises, qui restent à jamais gravées dans ma mémoire. Pour l'une, j'ai dû faire plus de 10 000 kilomètres pour me faire fustiger dans un paradis hawaïen où la famille Jobs était en vacances. L'autre crise s'est déroulée par téléphone au bureau. Vous pourriez imaginer que c'était moins terrifiant du fait de la distance, mais pas du tout.

Vivre de tels épisodes est choquant sur le moment, mais je les vois maintenant comme une marque de bravoure. Avoir travaillé auprès de Steve Jobs sans jamais avoir subi ses foudres pourrait même pousser à ressentir de la frustration !

Les centaines de personnes que Steve a agressées verbalement savent ce que ça fait. Et lui ? Comment réagissait-il à de violentes critiques ? Il s'était blindé contre ces dernières dès le début de sa carrière. En 1997, quand il est venu réanimer Apple, l'une de ses premières décisions fut d'arrêter les clones Mac. Les anciens dirigeants avaient accordé des licences à des fabricants d'ordinateurs pour vendre des machines compatibles avec Mac. L'objectif était d'attirer de nouveaux utilisateurs afin de sauver le système d'exploitation Mac en perdition à ce moment-là.

Steve détestait cette idée. Il voulait qu'Apple contrôlât le matériel et le logiciel, un point c'est tout. Même à cette époque, il expliquait qu'il fallait maîtriser toute la chaîne pour éviter aux clients Apple d'être en position de ne pas exploiter pleinement Mac OS à cause des déficiences d'ordinateurs fabriqués par d'autres. Toutefois, la communauté Apple commençait à adopter les clones et pensait que cette expansion de Mac OS était nécessaire pour la survie d'Apple. Lorsque Steve a refusé cette idée, il s'est fait crucifier. Nombreux s'inquiétaient, pensant qu'il ne s'était pas assagi durant ses années NeXT, et qu'il était encore capable de mettre l'entreprise en danger.

J'étais surpris par la férocité des attaques. Les opposants se déchaînaient contre Jobs pour son rôle chez Apple et contre sa personne. Mais pour lui, c'était normal. Ce n'était pas la première fois qu'il était critiqué, et il savait que ce ne serait pas la dernière. Il pouvait facilement compartimenter les nouvelles. Il retenait ce qu'il voulait et laissait le reste de côté.

J'ai encore eu l'occasion de voir sa résistance lorsque la chaîne TBS a diffusé le téléfilm *Les Pirates de la Silicon Valley* en 1999. Il a d'abord été un peu ennuyé à l'annonce du projet. Ensuite, il a bondi de joie en apprenant que son rôle serait tenu par l'acteur Noah Wyle, célèbre pour sa participation dans la série *Urgences*.

Une semaine avant la diffusion, Steve nous a informés qu'il organisait une petite réception chez lui pour regarder le film entre amis. Comme nous avions dépensé une petite fortune chez TBS pour le compte d'Apple et d'autres annonceurs, l'agence avait reçu une copie du film en avant-première plus tôt dans la semaine. J'avais donc invité l'équipe de créatifs à le regarder autour de pizzas pendant le déjeuner. Le film nous a fait grincer des dents. Ce n'était pas vraiment une production de grande qualité. Il était évident que l'histoire était exagérée, dramatisée au détriment de la chronologie.

Ce qui nous gênait le plus était que Steve Jobs avait le mauvais rôle dans l'histoire. Dans le scénario (et dans la vraie vie), il avait refusé de reconnaître son enfant et de verser la moindre pension à sa mère, alors qu'à l'époque il était riche à millions. Ce portrait n'était pas flatteur du tout. (Précision : plus tard, Steve a accepté ses responsabilités, en se rapprochant de sa fille et en l'aidant financièrement.)

Je me demandais en regardant le film si Steve allait vraiment apprécier sa soirée devant le petit écran.

Par sens du devoir, je l'ai averti que le film le dépeignait de façon négative, mais il est resté impassible. Il n'était pas surpris que le film fût romancé, puisque c'était chose courante.

Je l'ai croisé le lundi juste après la diffusion du téléfilm. Je ne savais pas si je devais en parler, mais je n'ai pas eu à le faire. Avant le début de la réunion, il a demandé à toute l'équipe si nous avions vu *Les Pirates*.... Il arborait un grand sourire et semblait très euphorique, comme si nous n'avions pas regardé le même film. Il avait l'air de croire que toute publicité est bonne à prendre, même négative.

Chapitre 2
Penser petit

Si Apple privilégie les grandes idées, sa préférence va à ce qui est petit pour tout le reste. Je m'explique : s'il vous prend l'envie de parler ou d'agir comme cela se fait dans les grandes entreprises, faites-le plutôt chez vous, à l'abri.

La taille des réunions est un bon exemple de ce principe. Lorsque Chiat\Day était l'agence attitrée d'Apple, nous nous réunissions avec Steve Jobs un lundi sur deux.

En général, aucun ordre du jour n'était établi de manière formelle. Nous venions montrer les travaux en cours, et Steve nous transmettait les dernières informations à connaître. C'est ainsi que nous nous tenions mutuellement au courant. Ces réunions se tenaient en petit comité. Du côté de l'agence siégeait l'équipe de créatifs, avec le directeur du compte et le chargé de communication. Du côté d'Apple figuraient Steve, Phil Schiller (marketing produit), Jony Ive (design), Allen Olivo (communications et marketing) et Hiroki Asai (créatif en interne). À ceux-là s'ajoutaient parfois d'autres intervenants, selon les besoins.

Un jour, une employée d'Apple que je ne connaissais pas est ainsi venue à l'une de ces réunions. Comme je ne me rappelle plus son nom, et que je ne l'ai jamais revue, nous la prénommerons Lorrie. Elle s'est assise avec nous pendant que Steve se glissait dans la salle, juste à l'heure.

Comme il était de bonne humeur, nous avons bavardé quelques minutes avant le début de la réunion. « Avant de commencer, permettez-moi de vous donner quelques informations, a dit Steve en balayant la salle du regard. Tout d'abord, parlons de l'iMac… »

Il s'est arrêté net, le regard fixé sur l'intruse. Le doigt pointé vers Lorrie, il lui a demandé : « Qui êtes-vous ? »

Lorrie a été surprise de se faire ainsi apostropher, mais elle a expliqué calmement qu'on lui avait demandé de participer à la réunion parce qu'elle était impliquée dans l'un des projets marketing dont nous allions discuter. Steve a écouté sa réponse, puis l'a frappée de son sceptre de la Simplicité :

« Je ne pense pas que nous ayons besoin de vous ici, Lorrie. Merci. » a-t-il tranché. Puis, comme si cette diversion n'avait jamais eu lieu, comme si Lorrie n'existait pas, il a poursuivi son introduction.

Ainsi, juste au début de la réunion, devant les dix personnes que Steve *voulait* voir à cette table, la pauvre Lorrie a dû remballer ses affaires, se lever et traverser la pièce en direction de la sortie.

Sa faute ? Sa présence n'était pas nécessaire.

Les alliés de la Simplicité : de petits groupes de grands esprits

L'affront subi par Lorrie n'est que la stricte application d'une règle essentielle de la Simplicité : constituer (et maintenir en tant que tels) de petits groupes de personnes intelligentes. Chaque fois que le nombre de participants augmente, vous ne faites qu'introduire de la Complexité.

Le principe des petits groupes est intrinsèque à la loi de la Simplicité. Il est capital dans le succès d'Apple en particulier, et pour pouvoir nourrir une réflexion de qualité en général. C'est élémentaire : toutes les personnes présentes dans la pièce doivent l'être pour une bonne raison. On n'invite pas quelqu'un pour lui faire plaisir. Soit vous êtes crucial pour la réunion, soit vous ne l'êtes pas. Il n'y a rien de personnel ; c'est ainsi que l'on travaille.

Steve Jobs était totalement réfractaire aux comportements qu'il estimait représentatifs du fonctionnement des grandes entreprises, bien qu'Apple fût une grande entreprise depuis longtemps. Il savait qu'Apple devait son succès phénoménal à de petits groupes composés des personnes les plus intelligentes et les plus créatives, et il n'avait pas l'intention d'en dévier. Lorsqu'il organisait une réunion, il exigeait que tous les participants fussent présents pour une bonne raison. Pas de place pour les spectateurs !

Cette règle découle d'un principe évident selon lequel un petit groupe sera plus concentré et plus motivé qu'un groupe plus important, et que des personnes plus intelligentes produiront du travail de meilleure qualité.

Il est surprenant qu'un tel principe de Bon Sens soit si peu appliqué dans la pratique. À combien de réunions surpeuplées assistez-vous chaque année ? Et combien de ces réunions s'égarent hors sujet à cause du trop grand nombre de participants ? La règle du petit groupe est contraignante, mais elle vaut la peine d'être respectée.

N'oubliez pas : la Complexité est souvent la solution de facilité. Il est plus facile de garder le silence et de laisser les Lorrie prendre place à une réunion, de peur de paraître manquer de courtoisie en expulsant quelqu'un en public. Mais si vous ne faites rien pour restreindre le groupe, vous ajoutez une exception à la règle, et la Simplicité n'aime pas les exceptions. Croyez-moi, vous pouvez faire montre de sévérité sans vous montrer grossier pour autant. Il suffit de vous expliquer. Conclusion : travaillez en petits groupes.

Avant de rencontrer Steve Jobs, j'avais connu plusieurs grandes sociétés. Ce fut donc un choc (positif) d'entrer dans son univers de Simplicité. Dans la culture d'Apple, il était plus facile de progresser. Ce fut aussi un choc (négatif) quand j'ai quitté le monde de Steve Jobs pour retrouver les conditions de travail habituelles d'entreprises plus classiques.

Aux débuts de NeXT, quand l'entreprise avait encore tout son avenir devant elle, j'ai entendu un jour Steve conseiller à ses troupes de savourer cette période. Selon lui, une fois que NeXT aurait grandi et rencontré le succès, ils regretteraient ce « bon vieux temps », car le rythme allait sûrement s'accélérer. (Ce ne fut pas la plus juste de ses prédictions, compte tenu du destin de NeXT, mais il avait raison sur le fond.) Quelques années plus tard, quand je participais à des réunions très peuplées et peu productives dans des sociétés plombées par la hiérarchie, je me rappelais ces paroles. En effet, je regrettais le *bon vieux temps*, non parce que le travail était moindre, mais parce qu'il était accompli plus efficacement.

De mon côté, quand je vante les mérites des petits groupes composés de grands esprits, il est rare que l'on me contredise. C'est normal : notre Bon Sens nous dicte que c'est la bonne solution. La plupart des gens savent bien, par expérience, que plus le nombre de vos interlocuteurs croît, plus vous avez de chances de sortir du sujet, de perdre un temps précieux et de diluer de grandes idées. De même, nous savons qu'il est tout aussi risqué de soumettre des idées à un trop grand nombre de décideurs.

L'une des raisons pour lesquelles les entreprises tendent à composer de larges groupes, lourds à gérer, est le poids de leur culture interne, culture si imposante que personne n'est de taille à s'y opposer. Il est difficile de résister à l'argument

« c'est comme ça qu'on fait ici ». C'est là que les dévots de la Simplicité doivent entrer en jeu pour combattre l'inertie.

Le principe du petit groupe doit s'appliquer de façon judicieuse et réaliste. Il ne suffit évidemment pas de réduire la taille des groupes pour résoudre tous les problèmes ; de plus, « petit » est un terme relatif. Vous seul connaissez votre activité et la nature de vos projets, et êtes à même de faire la distinction entre *trop* et *pas assez* de monde. Votre mission sera de faire appliquer ce principe en agitant votre sceptre de la Simplicité quand l'efficacité du groupe sera menacée par une expansion injustifiée.

Au fil des ans, le groupe marketing d'Apple a mis au point un système qui a été reconduit avec succès, révolution après révolution. Les projets sont menés par de petites équipes de personnes talentueuses habilitées à prendre des responsabilités, et c'est ce qui les motive à se dévouer à leur travail avec intelligence. En donnant la préférence à la qualité plutôt qu'à la quantité, les équipes tiennent des réunions informelles où les progrès sont visibles chaque semaine, voire chaque jour.

Toutes les sociétés cherchent à augmenter la productivité au maximum et à limiter les réunions inutiles. Mais la manière de s'y prendre varie grandement. Chez Apple, il est naturel de former de petits groupes de gens intelligents, parce que ça fait partie de la culture de l'entreprise. Dans certaines sociétés, on tente parfois d'officialiser la quête de productivité au moyen de directives.

Dans une célèbre société high-tech avec laquelle j'ai travaillé, un panneau titré COMMENT RÉUSSIR UNE RÉUNION avait été accroché au mur de toutes les salles de conférence, dans le but d'améliorer la productivité des employés. Il contenait un texte aux airs de règlement intérieur, avec une liste de conseils comme « Définissez l'agenda au début de la réunion », « Encouragez toutes les personnes présentes à participer » ou

« Terminez la réunion en vous mettant d'accord sur les prochains objectifs ».

En fait, ces panneaux voulaient surtout dire « Bienvenue dans une très grosse société ! Contentez-vous de respecter nos règles, et tout ira bien. » Je n'ai aucun mal à imaginer Steve Jobs rebelle à ce genre de système, en train d'arracher et de piétiner ces panneaux pour les remplacer par des photographies d'Ansel Adams (*N.D.T.* : photographe américain réputé pour ses clichés en noir et blanc de paysages américains), plus aptes à susciter la réflexion et l'inspiration, comme celles qu'il avait mises dans les couloirs de NeXT.

Si vous songez à travailler pour Apple, j'ai le regret de vous informer que vous n'y trouverez aucun panneau vous indiquant comment mener une réunion. De même, personne ne vous dira comment lacer vos chaussures ou remplir un verre d'eau. Si vous êtes embauché chez Apple, c'est qu'on estime que vous êtes un adulte normalement constitué avec ce qu'il faut d'Intelligence et de Bon Sens. Si vous n'êtes pas déjà adepte de la Simplicité, vous allez le devenir sans tarder. Soit vous acceptez les règles du jeu, soit vous allez jouer ailleurs. La Simplicité ne va pas s'encombrer d'un sauvage indompté.

Et s'il faut vraiment mettre un panneau sur les murs d'une grande société, il conviendrait mieux d'écrire ceci :

Comment tenir une réunion intéressante

1. Mettez dehors la personne la moins utile de la pièce.
2. Quittez la réunion si elle dure plus de 30 minutes.
3. Faites quelque chose d'utile aujourd'hui pour compenser le temps passé ici.

J'exagère, évidemment. Les réunions sont nécessaires et importantes pour faire avancer un projet collectif. Mais nous savons tous que trop de réunions inutiles et surpeuplées finissent par tuer l'énergie créative même des esprits les plus brillants.

Plus qu'une directive pour les réunions, le principe des petits groupes est une règle obligatoire pour tout projet mené de façon collective.

Nombre d'entreprises suivent un principe instinctif mais inapproprié : plus l'enjeu est important, plus l'on implique de personnes dans le projet. Elles s'imaginent sans doute que plus de cerveaux réunis égalent plus d'idées. Si cette théorie semble logique, en pratique il est rare qu'il en sorte de meilleures idées.

Plus il y a de personnes impliquées, plus les briefings se compliquent, il faut intervenir davantage pour mettre tout le monde au courant des derniers développements et passer plus de temps à examiner et commenter le travail de chacun. Un petit groupe fournit de meilleures conditions pour réussir, s'il est composé des bonnes personnes (c'est-à-dire intelligentes, n'oubliez jamais ce détail).

Si vous pensez qu'il faut ajouter du monde à un projet pour améliorer les résultats, c'est que vous n'avez pas grande confiance dans vos recrues initiales. Soit c'est vrai, soit vous voulez juste plus de garantie, ce qui signifie aussi que vous ne faites pas confiance à votre premier groupe. Quelle que soit votre motivation, on en conclut que vous n'avez pas confié le projet aux bonnes personnes. Réglez ce problème. Composés des personnes les plus brillantes, les petits groupes donnent plus de confiance aux cadres qui les supervisent.

Si vous parvenez à instaurer des petits groupes d'esprits brillants, tout le monde y gagne. L'entreprise profite d'une réflexion de meilleure qualité. Le groupe se sent plus apprécié et accepte volontiers une charge de travail plus importante. Ce système stimule la productivité et permet d'enchaîner les projets.

L'agence publicitaire d'Apple, appelée à l'origine Chiat\Day, doit son succès à cette même philosophie. Conduit par l'illustre directeur de création Lee Clow, notre petit groupe s'intégrait très bien dans le système des petits groupes d'Apple. Grâce à sa taille réduite, notre équipe travaillait et communiquait plus vite et avait l'agilité nécessaire pour réagir aux imprévus.

Le fondateur de l'agence, feu Jay Chiat, avait instauré ce système des dizaines d'années plus tôt. Jay et Steve s'entendaient très bien du temps du premier Macintosh, car ils avaient beaucoup de points communs. J'ai eu le plaisir de me faire expulser d'une réunion par Jay Chiat durant l'un de mes nombreux passages chez Chiat\Day. La scène s'est passée à peu près comme l'éjection de Lorrie par Steve Jobs, sauf que les intrus étaient au nombre de deux. En scrutant la salle avant le début de la réunion, Jay a jeté un œil vers le partenaire de mon directeur artistique et vers moi en disant « Qu'est-ce que vous faites là, vous deux ?

– On nous a demandé de venir, ai-je répondu.

– Vous avez mieux à faire que de rester ici à discuter de ces bêtises, a dit Jay. Allez travailler. » Au moins, nous avons pu quitter la pièce avec de grands sourires, ce qui ne fut pas le cas de Lorrie.

Jay et Steve m'ont profondément marqué toutes ces années par leur manière de travailler. Je ne connais aucun dirigeant avec le même talent pour motiver ses équipes à fournir d'excellents résultats. Et les deux ont su mener leur entreprise vers une belle réussite. Ce n'est pas une coïncidence.

Aujourd'hui encore, quand je me trouve coincé dans une grosse réunion stérile, je m'amuse à imaginer comment Steve Jobs réagirait s'il était assis parmi nous à subir ce que je subis. À qui s'en prendrait-il ? Qui choisirait-il d'éjecter de la salle ? À quel moment couperait-il la parole de l'intervenant pour lui dire qu'il raconte des sottises ? Le franc-parler de Jobs est bien connu, mais souvent il ne faisait qu'exprimer ce que nous n'osions pas dire nous-mêmes. Il ne voyait aucune raison de faire preuve de délicatesse alors que la réunion nous faisait perdre notre temps, à lui et aux autres participants.

C'est l'un des défis que nous avons à affronter. Au risque de passer pour un maniaque autoritaire, il faut parfois s'imposer avec rudesse pour rester sur la bonne voie dans la conduite d'un projet.

Je vous rassure, on peut à la fois être direct et respecté. D'ailleurs, manifester un peu de franchise brute au bon moment est une technique efficace pour gagner le respect, tout en limitant la taille des groupes de talent.

Voir grand, agir petit

Lors de la conférence All Things Digital en 2010, Steve Jobs a révélé un détail important sur le fonctionnement interne d'Apple :

> *Savez-vous combien de comités nous avons constitués chez Apple ? Zéro. Nous sommes organisés comme une start-up. Nous sommes même la plus grosse start-up du monde.*

L'attachement de Steve pour la Simplicité était tel qu'il ne pouvait pas tolérer une hiérarchie compliquée. Au plus profond de lui, il avait la conviction qu'il pouvait diriger une société internationale avec succès sans tomber dans les griffes de la Complexité. Plus particulièrement, il pensait que la « nouvelle » Apple pouvait réussir en conservant les valeurs de l'« ancienne » Apple. Il disait ainsi :

> *Je ne vois pas pourquoi l'on devrait changer en croissant.*

Ces paroles semblent irréalistes. Après tout, comment est-il possible qu'une société ne change *pas* en s'agrandissant, en passant de milliers à des millions de clients ? Il était rare que Steve admît qu'une chose n'était pas réalisable, c'est pourquoi il faisait ce qu'il pensait être bien, y compris conserver la mentalité d'une start-up. Il était guidé par un certain idéalisme, avec des idées fermes sur la façon dont les choses devaient se passer, même si elles allaient à l'encontre du comportement traditionnel dans les entreprises.

John Sculley, le très décrié P-DG qui a manigancé l'éviction de Steve Jobs d'Apple en 1985, expliquait ainsi les principes d'organisation de ce dernier dans une interview en 2010 :

> *Selon l'une des règles de Steve, il ne pouvait jamais y avoir plus de cent personnes dans l'équipe Mac. Ajouter quelqu'un impliquait de retirer quelqu'un d'autre. Le principe est typique d'une remarque de Steve : « Je ne peux pas retenir plus de cent prénoms et je veux être entouré de gens que je connais personnellement. Alors, s'il y a plus de cent personnes, nous sommes obligés de passer à une autre structure qui ne me conviendrait pas. Pour que je continue à aimer travailler, il faut que je puisse toucher à tout. » Durant tout le temps où je l'ai connu chez Apple, c'est exactement comme ça qu'il dirigeait son service.*

Ce principe a peu changé entre la période où Apple a lancé le Macintosh et les derniers jours de Steve Jobs au travail. Il avait instauré une réunion annuelle hors site, qui rassemblait les cadres internationaux d'Apple, appelés Top 100. Il s'agissait des personnes auxquelles il faisait confiance pour comprendre la vision d'Apple et pour la transmettre à leurs subordonnés. Lors du meeting du Top 100, Steve et son équipe dévoilaient les stratégies de l'année à venir et laissaient entrevoir leurs projets plus lointains. Je parie qu'il connaissait tous les membres du Top 100 par leur prénom !

Au moment de la fondation d'Apple Computer, Inc. dans un garage, Jobs, Wozniak et leurs associés formaient le petit groupe d'esprits les plus brillants de leur temps. Comme ce schéma lui a réussi, Steve a continué de croire à ce mode de fonctionnement par petits groupes très motivés. Il est surprenant que ce système ait permis à Apple de s'agrandir jusqu'à devenir l'une des deux premières valeurs boursières mondiales (avec ExxonMobil).

La loi du plus petit

Admettons que la condition relative à l'intelligence est remplie pour vos « petits groupes de grands esprits ». Voyons ce qu'on entend par « petit ». Mon expérience dans la publicité m'a conduit à forger le principe suivant :

> **La qualité du travail résultant d'un projet est inversement proportionnelle au nombre de personnes impliquées dans le projet.**

Autrement dit, plus vous assignez de monde à un projet, moins vous avez de chances d'obtenir quelque chose de bon. Le problème du travail en groupe n'est pas uniquement une question de relations humaines. L'implication d'un des membres du groupe est particulièrement cruciale. D'ailleurs, ce point est si important qu'il mérite son propre principe :

> **La qualité du travail en groupe augmente proportionnellement au degré d'implication du décideur final.**

Le décideur final n'est pas forcément le P-DG. Il peut s'agir de n'importe quel cadre qui en a reçu la responsabilité. Quelqu'un dans la société a le pouvoir de décision, et la participation de cette personne est indispensable. Il est contre-productif, et particulièrement frustrant, pour un groupe de s'activer des semaines ou des mois sur un projet avant de recevoir un retour de la part de l'autorité responsable confirmant ou infirmant l'orientation du projet. Le décideur doit participer aux briefings et rester aussi impliqué que possible jusqu'au terme du projet.

Dans la plupart des grandes entreprises, on vous dira qu'il n'est pas réaliste de vouloir qu'un directeur général s'implique trop dans le marketing. C'est pour cette raison qu'il était bon de travailler pour un type irréaliste comme Steve Jobs. Il participait aussi volontiers à une réunion marketing qu'à une réunion sur la conception d'un produit. Il comprenait que ces deux activités étaient également vitales au succès d'Apple. Il savait que s'il participait à la mise sur le marché, en dirigeant un petit groupe d'individus talentueux, Apple continuerait de se démarquer de ses concurrents.

Steve Jobs ne voulait pas déléguer trop de pouvoir décisionnel en matière de marketing. Il était présent à chaque présentation et se tenait au courant de l'avancée de tous les projets. À l'époque du slogan *Think different*, je peux témoigner qu'il s'impliquait dans le choix de chaque image et de chaque mot. Il n'hésitait pas à m'appeler au milieu de la nuit pour discuter d'une publicité sur le point de sortir.

Steve suivait une règle que je n'ai jamais vue appliquée ailleurs. Je ne serais pas surpris qu'il fût le seul et unique P-DG de la terre à fonctionner ainsi. Il refusait que quiconque, même le directeur général du marketing, filtrât les travaux avant qu'il eût une chance de les voir. « Je ne veux pas qu'on décide à ma place si je vais aimer ou pas, expliquait-il souvent. J'y verrai peut-être une étincelle que personne d'autre ne voit. »

En général, les P-DG ne partagent pas la passion de Steve Jobs pour le marketing. Ils sont nombreux à dire, légitimement, qu'ils n'ont pas de temps à y consacrer. Il est d'autant plus remarquable que Jobs eût pu trouver le temps alors qu'il dirigeait à la fois Apple et Pixar. En conclusion, si vous jugez le sujet important, vous trouverez le temps nécessaire. Si vous êtes vraiment débordé, ou si le marketing n'est pas votre fort, vous devrez embaucher et déléguer quelqu'un pour s'en charger en lui donnant une réelle autorité.

De petits groupes pour de meilleures relations

Sachant à quel point Steve Jobs était lunatique, vous pourriez penser que la relation entre Apple et son agence publicitaire était souvent tendue au point de rompre. Tendue, oui. Au point de rompre, non. Bien au contraire : Steve Jobs et Chiat\Day ont entretenu le partenariat le plus long de l'histoire du marketing.

Par quel miracle ? Grâce à des petits groupes intelligents. C'est ce système qui a permis à Chiat\Day de conserver sa relation étroite avec Steve Jobs et Apple. C'est ce qui lui a donné les moyens de réaliser du travail de qualité. Et c'est ce qui leur a permis de rester ensemble quand la relation était tendue. À de nombreux égards, les relations de ce type sont comme un mariage, et un bon mariage trouve toujours moyen de survivre aux épreuves.

Chiat\Day a travaillé pour Apple pendant cinq ans à partir de 1980 ; cette collaboration a repris en 1997 et s'est maintenue jusqu'à ce jour. C'est un partenariat exceptionnellement long dans le secteur de la publicité. Le patron de Chiat\Day, Lee Clow, a établi une relation étroite avec Steve Jobs, qui remonte à l'époque du lancement du premier Macintosh, et ce ne fut pas une surprise que Steve choisît Chiat\Day à son retour chez Apple en 1997. Entre-temps, l'agence avait fusionné pour devenir TBWA\Chiat\Day. (Pour la suite, je me contenterai d'y faire référence en tant que « Chiat », comme on l'appelle couramment.)

Détail amusant, quand Chiat s'occupait des PC d'IBM, du temps où Apple traitait avec l'agence BBDO, IBM s'inquiétait que Chiat eût pour réputation de changer souvent de clients. IBM tenait à établir des relations de longue durée. Or, il se trouve qu'Apple a rétabli sa relation avec Chiat et l'a fait perdurer plus longtemps qu'IBM n'a fabriqué de PC.

Le système des petits groupes intelligents joue un rôle important chez Chiat comme chez Apple. Les deux sociétés fonctionnent sur ce système en interne, et les deux petits groupes s'entendent bien quand ils se rencontrent.

J'avoue qu'à plusieurs reprises, Steve a menacé de résilier ses contrats avec l'agence, mais il était capable aussi de nous dire avec émotion combien il appréciait notre travail. Il en ressort qu'au final nous savions tous à quoi nous en tenir. Apple/Jobs et Chiat avaient une passion en commun : le goût de la franchise, certes parfois brusque, mais qui incitait au moins à jouer cartes sur table avec son partenaire. Lorsque des problèmes surgissaient, ils étaient vite résolus. La profondeur des liens entre Apple et Chiat donnait aux deux parties un sentiment de sécurité et un sens des responsabilités.

J'ai pu vérifier que cette relation était spéciale quand j'ai quitté ce poste pour travailler pour le compte d'Intel à l'agence Euro NY.

Bien avant qu'Euro ne décrochât le contrat, Intel était connu comme un client « difficile ». C'était le qualificatif poli employé par ceux qui travaillaient encore pour Intel. Mes anciens collègues, qui étaient déjà passés par là, étaient beaucoup moins courtois.

Contrairement à Apple, Intel était une grosse entreprise qui se comportait comme telle. Tandis que chez Apple rien n'était plus important que le travail, chez Intel ce n'était pas aussi évident. Il y avait souvent des problèmes secondaires, des suranalyses, des doutes et diverses autres distractions qui gênaient notre travail créatif. La relation agence-client était empreinte à la fois de frictions et de formalités, nées de la collaboration de deux grosses équipes.

Certaines tensions dans la relation étaient évidentes. Pour améliorer nos interactions, Intel faisait pour nous tous les trimestres ce qu'un bon partenaire se doit de faire pour son âme sœur : fournir un rapport sur les bons et les mauvais moments de la relation en précisant les points à corriger. Intel nous demandait d'en faire de même, ce que nous faisions consciencieusement. Cette histoire de rapports met en évidence la différence énorme entre le mode de fonctionnement de ces deux grosses sociétés et le système des petits groupes d'Apple. Jamais Steve n'aurait eu l'idée de gaspiller un temps précieux à rédiger et traiter ce type de rapports. Il préférait la franchise immédiate. Si un truc le dérangeait, il nous le disait, point. Nul besoin de rapport.

Notre gros groupe chez Euro était structuré avec la même hiérarchie que l'énorme équipe marketing d'Intel. Pour que tout se passe bien, il y avait plus de formalités entre nous. Les réunions avec nos clients d'Intel étaient plus préparées et minutées, alors que celles chez Apple paraissaient quasiment improvisées par comparaison.

Je pourrais écrire plusieurs chapitres sur les différences de productivité entre les petits groupes dans la relation Chiat-Apple et les grosses équipes dans la relation Euro-Intel. Je me contenterai de relater un incident qui résume très bien la situation.

Suite à un problème juridique lié nos publicités, le directeur général du marketing d'Intel avait demandé l'opinion de l'agence sur l'attitude à adopter. Après une réunion en interne, l'équipe était unanime sur une recommandation. Quand j'ai communiqué cette opinion au directeur du compte en lui suggérant de la transmettre aussitôt au client, j'ai reçu un e-mail débutant par cette phrase éloquente :

Nous ne pouvons pas avoir une opinion tant que nous ne connaissons pas la position d'Intel.

Cette attitude reflète parfaitement la difficulté qu'il y a à traiter avec de grands groupes quand l'enjeu est un compte à plusieurs millions de dollars. Si vous n'y prenez garde, le calcul peut se substituer à la franchise, et les relations ne sont plus naturelles mais « gérées ». Vous vous doutez bien que si Chiat avait eu ce genre de comportement avec Steve Jobs, leur relation n'aurait pas duré. Au final, Intel n'était pas satisfaite, puisque la société a changé d'agence publicitaire peu après.

C'est la Simplicité qui a consolidé la relation d'Apple avec Chiat. Elle crée un sentiment de partenariat sincère, dans lequel chaque partie a intérêt au succès de l'autre. Les petits groupes intelligents forgent une relation plus étroite, capable de résister aux épreuves sur la durée, en engendrant un sentiment de cause commune et de valeurs communes.

Des réductions rationnelles

Apple et son agence reposent sur une montagne de créativité, mais ces deux sociétés n'ont pas le monopole des idées nouvelles, les plus passionnantes et stimulantes. Il existe d'innombrables sociétés intelligentes, dont beaucoup sont en partenariat avec de brillantes agences publicitaires qui emploient des créatifs formidables.

Dans ces conditions, pourquoi voit-on si peu d'excellentes campagnes de marketing ? Pourquoi le paysage publicitaire est-il inondé d'âneries ?

Une raison importante est que les grandes entreprises ont du mal à penser petit. Elles sont incapables de rationaliser des procédures complexes. Même quand elles parviennent à identifier leurs manquements, à développer des stratégies et à réaliser du bon travail capable de les propulser, elles sont handicapées par leurs procédures. Elles s'imposent d'interminables réunions et une multitude d'étapes d'approbation au lieu d'adopter une méthode plus simple.

Intel est un bon exemple. La société a su attirer les plus brillants cerveaux pour concevoir des produits d'une ingéniosité inimaginable. Un cadre d'Intel m'a expliqué un jour que les investissements et les efforts nécessaires pour mettre au point un processeur, équiper une usine de fabrication et le produire en masse sont comparables à ceux que la Nasa met en œuvre pour construire une flotte entière de navettes spatiales.

Intel est capable de produire ce que les autres sociétés ne pourraient même pas imaginer. Et pourtant, ses publicités sont franchement pathétiques.

C'est sans doute un problème de formation. Intel est une société d'ingénieurs. Ces derniers prennent leurs décisions d'après des faits scientifiques avérés, et ce même quand il s'agit de décider d'une chose pourvue d'une composante émotionnelle, comme le marketing. Paul Otellini, le P-DG d'Intel, l'a confirmé lors d'un événement interne en s'adressant à toute l'équipe du marketing international. « Chez Intel, nos produits ont zéro défaut, et je veux que vous produisiez une publicité avec zéro défaut. »

Ces paroles ont fait grincer quelques dents chez les créatifs présents dans la salle. Ils savaient que même le meilleur réalisateur du monde ne pouvait pas travailler sous la contrainte de produire des films sans défaut. Les idées géniales ont toutes une part de risque. Il y a forcément un ou deux défauts, qui seront largement compensés par le génie des idées. L'injonction d'Otellini résume parfaitement l'état d'esprit chez Intel. Il encourage les responsables à redoubler d'efforts pour s'assurer que toutes les formalités sont en place, voire à en inventer de nouvelles en vue de garantir une publicité zéro défaut. Dans le monde ultra-efficace d'Intel, le risque est un défaut.

Malheureusement, fermer les écoutilles n'est pas la meilleure solution pour favoriser la Simplicité. Il faut trouver le moyen de faire fonctionner une grosse entreprise comme une petite afin de simplifier les choses. Il s'agit d'examiner les formalités actuellement en vigueur et de chercher à les réduire, mais surtout pas à les renforcer.

J'ai toujours trouvé amusant que, chez Intel (et dans d'autres sociétés pour qui j'ai œuvré), Apple pût être citée en exemple pour apporter quelques améliorations aux méthodes utilisées. Ces entreprises croient naïvement pouvoir résoudre leurs problèmes en copiant une petite portion de l'ensemble des procédures adoptées par Apple.

Cette approche fonctionne rarement, hélas. Pour rappel, la Simplicité est une proposition « tout ou rien ». Il est interdit de choisir une ou deux règles par-ci par-là. Si vous n'avez pas l'énergie nécessaire pour adopter la Simplicité en entier, vous allez droit dans le mur.

Choisir entre les procédures et la Simplicité

Il est toujours intéressant de se remémorer sa première réunion avec un client. Je ne parle pas des rendez-vous qui ont eu lieu avant la signature du contrat, mais de la toute première entrevue, une fois que vous voilà officiellement liés.

Pour certains clients, en repensant à cette réunion, vous comprenez qu'elle présageait parfaitement la suite des opérations. Avec d'autres, vous vous apercevez avec du recul que vous n'avez pas su remarquer certains signes ou les avez mal interprétés.

Ma première réunion avec Apple en 1997, après le retour de Steve Jobs, prédisait fidèlement l'ambiance qui allait régner les années suivantes. Cette réunion a été plaisante, intéressante, stimulante et prometteuse, c'est-à-dire tout ce que j'espérais. Elle s'est déroulée sans programme précis, mais nous y avons beaucoup progressé. J'avais déjà une longue expérience avec Steve Jobs, mais c'était la première fois que je le voyais au sein d'une nouvelle équipe. Il ne s'est pas laissé influencer, mais a bien réagi à notre travail.

Mes premières réunions avec Dell et Intel ont aussi été très représentatives. L'adjectif qui les décrirait le mieux : « décevantes ». C'est dommage, parce que, comme tout le monde dans le marketing, je m'y suis rendu plein d'espoir, déterminé à voir les bons côtés de ces nouvelles collaborations et à me réjouir des perspectives qui s'ouvraient à nous. Mais avec ces deux clients, les formalités prenaient le pas sur la créativité. Chez Apple, en revanche, nous avons fait de grands bonds en avant, parfois spontanément, parce que l'idée avait toujours la priorité sur le reste.

À titre d'exemple, nous pouvions être à mi-chemin dans la production d'une publicité approuvée par Steve Jobs, puis avoir soudain une meilleure idée pendant le tournage ou le montage. Retourner voir Steve Jobs avec cette nouvelle idée ne posait aucun problème. C'était d'ailleurs l'attitude qu'il attendait de nous, et il était impatient de voir les nouvelles propositions. Il était fort probable qu'il acceptât notre nouvelle orientation, et même s'il refusait, il était content de nous voir aussi motivés (et satisfait de démolir notre nouvelle idée à l'occasion, comme il savait si bien le faire).

Ce genre de spontanéité, en revanche, n'existait pas dans l'univers d'Intel. Une fois que la publicité avait été annoncée aux différentes parties concernées, le concept étudié à fond, révisé et approuvé, les objectifs étaient définis. La procédure n'autorisait aucun changement majeur, quelle que fût l'ampleur des améliorations potentielles. La procédure imposait ses lois à tout le reste.

Apple ne s'encombre pas de ce genre de règles. Une meilleure idée reste une meilleure idée. Suggérer de faire passer la procédure avant la créativité serait prendre le risque de se faire excommunier de l'Église de la Simplicité. La haute estime attribuée aux idées est l'une des valeurs gravées par Steve dans la culture d'Apple, et cette notion va certainement continuer d'orienter l'avenir de la société.

Ayant aussi travaillé dans l'agence publicitaire d'Apple du temps de John Sculley, je peux témoigner que la société Apple sous la direction de Sculley, du moins dans le domaine du marketing, accordait autant d'importance à la procédure que les autres grandes entreprises. Il n'y a rien de comparable entre travailler pour Steve Jobs et pour John Sculley : c'est même le jour et la nuit.

Steve comprenait et appréciait le processus de création, qui, d'une certaine façon, est l'absence relative de formalités. Son parcours chez Apple, Pixar et Disney lui a donné une vision des choses dont peu de P-DG peuvent s'enorgueillir. Il n'ignorait pas que les idées avaient besoin d'un bon terreau et de protection. Il savait que les analyses mécaniques étaient incompatibles avec le génie créatif et qu'il fallait mettre en place de petits groupes intelligents pour garantir la qualité des trouvailles, même si les résultats avaient une part d'imprévu.

Steve Jobs est souvent considéré comme un génie créatif. Je le vois plutôt comme un génie fondu de créativité. Je l'ai vu proposer de brillantes idées et parfois aussi des idées bidon (comme tout le monde). Je n'ai jamais vu d'autre P-DG animé d'une telle passion pour la créativité.

Pixar lui avait demandé de s'abstenir d'assister aux réunions des créatifs, de peur que sa présence ne déclenchât une mutinerie parmi les scénaristes et artistes. On appréciait certes sa vision et son rôle de dirigeant, mais beaucoup moins ses talents cinématographiques.

Cette anecdote est encourageante, car elle prouve qu'il est inutile d'être surdoué en création pour changer le monde avec des idées neuves. Vous pouvez monter une entreprise qui met en place les conditions nécessaires à la créativité. Sans être créatif vous-même, vous pouvez favoriser et défendre la créativité. Vous pouvez apprendre à reconnaître quand une procédure menace d'étouffer une bonne idée au lieu de contribuer à son avancée.

Steve Jobs était un brillant pépiniériste d'idées. Il était vraiment doué pour identifier, embaucher et retenir les talents, ainsi que pour mettre en place un environnement propice aux bonnes idées. Le fait qu'il fût passionné d'art et de design était un gros plus. Le plus important est qu'il s'opposait fermement aux procédures étouffantes. C'était pour faire germer et protéger les idées de génie qu'il insistait pour limiter les formalités chez Apple.

Les entreprises dépourvues d'un dirigeant aussi passionné que Steve tendent à considérer le marketing en termes plus cliniques. Pour elles, le marketing n'est qu'un rayon de la roue, un service parmi d'autres. Les responsables marketing de ces sociétés attendent de l'originalité tout en soutenant des procédures contraignantes. Ils ont l'air de penser qu'il suffit d'exiger du génie pour l'obtenir, comme s'il suffisait d'organiser des briefings pour en faire sortir par magie des créations époustouflantes. Hélas, les bonnes idées n'arrivent pas aussi simplement !

Durant ma première semaine de travail pour le compte d'une société spécialisée dans les hautes technologies, j'eus l'occasion de dîner avec sa directrice du marketing. Admiratrice du travail accompli par Chiat pour Apple, elle était avide d'informations susceptibles de l'aider à améliorer les procédures de son entreprise pour obtenir une qualité équivalente.

« Sans vous demander de trahir vos secrets, dit-elle, j'aimerais savoir en gros ce qu'Apple fait de spécial pour produire aussi régulièrement des campagnes d'une telle qualité. »

Je répondis que la chose la plus importante que faisait Apple était d'avoir confiance en elle-même. Lorsque je travaillais chez Chiat, nous n'avons jamais testé aucune de nos publicités, qu'il s'agisse de campagnes dans les magazines, de spots télévisés, d'annonces sur le Web ou de promotions sur les points de vente.

« Vraiment ? dit-elle. Jamais de test ? C'est intéressant. » Elle avait l'air surpris. Après un moment de réflexion, elle poursuivit : « C'est une chose impossible chez nous. Avez-vous d'autres informations à me confier ? »

C'est le gros problème que rencontrent la plupart des grandes entreprises. Leurs procédures sont tellement institutionnalisées qu'elles sont incapables d'adapter leur fonctionnement, même quand les bénéfices du changement leur sautent aux yeux.

En résumé, quand on donne la priorité aux procédures, les idées passent au second plan. Un peu de Bon Sens suffit à reconnaître que plus l'on ajoute d'étapes à une procédure, plus le travail final s'en trouve dilué.

Plus c'est petit, plus c'est efficace

En tant que collaborateur de l'équipe marketing d'Intel, je pouvais comprendre pourquoi leurs opérations étaient si complexes. Cela faisait partie de leur quête interminable de performance. Qui douterait que l'efficacité est une bonne chose ?

Pourtant, la réponse est nuancée. L'efficacité fait merveille quand on assemble des millions de transistors minuscules dans une puce. Mais les plans de marketing éblouissants, et les publicités géniales, ne sont pas créés par des machines. C'est le résultat de nombreuses décisions subjectives, faites par des personnes censées connaître la nature humaine. Toucher les émotions des clients n'a rien à voir avec la programmation d'un robot pour une chaîne d'assemblage.

Apple se distingue par l'efficacité de ses opérations (grâce à Tim Cook), intransigeante sans pour autant nuire à son côté humain. Les gens se reconnaissent dans Apple, et c'est essentiel à son succès.

Intel est une société bâtie sur l'excellence technologique, elle aussi intransigeante sur l'efficacité. Mais ses microprocesseurs étant plus froids et stricts qu'un iPad, l'obsession d'Intel pour la performance se retrouve dans toutes ses activités, y compris le marketing.

Alors qu'Apple était prête à diffuser des publicités choisies par son seul instinct, Intel avait besoin de preuves scientifiques irréfutables.

Du point de vue de l'organisation, la différence est qu'Apple optait pour l'approche à petite échelle, décidant de remettre le sort de ses campagnes dans les mains d'un petit groupe d'esprits brillants. Intel, au contraire, se lançait dans les grandes manœuvres, en impliquant du monde et en mettant en œuvre tout un ensemble de procédures au niveau international.

Paradoxalement, c'est la quête de performance d'Intel qui rendait ses procédures marketing si inefficaces. Elle passait beaucoup plus de temps et dépensait beaucoup plus d'argent qu'Apple à s'assurer que ses campagnes étaient absolument parfaites. Mais le problème de cette approche est que ça ne marche pas.

Pour preuve, voyez les publicités d'Intel de ces quinze dernières années. Mis à part quelques spots intéressants, comme la première campagne *Sponsors of Tomorrow* créée par l'agence Venables Bell & Partners de San Francisco, sa quête de performance a pour l'essentiel produit des résultats médiocres, pour ne pas dire grotesques.

La campagne de 2005 pour les processeurs des ordinateurs portables reposait sur un jeu de mots entre « laptop » et « lap » (les genoux). On y voyait diverses célébrités assises sur les genoux d'inconnus. Une autre campagne montrait des processeurs prêts à sortir de l'usine en chantant. De toute évidence, la rigoureuse efficacité d'Intel n'a pas empêché la diffusion de ces nanars !

À la même époque, Apple sortait des publicités primées les unes après les autres, le tout sans perdre une minute ni gaspiller un centime à les analyser scientifiquement avant leur diffusion.

Nous en arrivons à l'un des arguments les plus convaincants en faveur de la Simplicité. Alors que certaines sociétés dépensent des millions de dollars au nom de la performance, la vérité est que la Simplicité fournit l'efficacité maximale.

À condition que votre entreprise ait le talent, le respect des règles de la Simplicité engendre des coûts plus faibles pour un travail plus rapide et meilleur, et surtout plus performant.

Limiter la hiérarchie

J'aimerais vous dire qu'en travaillant pour une entreprise dévouée à la Simplicité, la vie est plus facile, vous faites moins d'heures et rentrez chez vous chaque soir sans une once de stress. Mais ce serait un mensonge.

En vérité, le nombre d'heures de dur labeur est le même chez Apple que dans une société comme IBM. Le travail est difficile, c'est pour ça que l'on parle de *travail*. La Simplicité a de nombreux avantages, mais ce n'est pas un passe pour une vie de loisirs !

Toutefois, l'état d'esprit dans lequel vous travaillez et quittez le bureau n'est pas le même. Chez Apple, la plupart des employés sont motivés à aller travailler et savent très bien ce qu'ils ont à faire et pourquoi. Dans un environnement plus compliqué, il n'est pas évident de décoder les différents points de vue et il faut parfois plusieurs semaines ou mois pour franchir les étapes tortueuses d'approbation par la hiérarchie.

En plus d'être mentalement usante pour ceux qui la subissent, la hiérarchie tend à amenuiser la qualité des projets à mesure que les équipes se renvoient la balle de réunion en réunion.

Chez Apple, j'ai apprécié de trouver une structure relativement plate, surtout comparée aux autres grandes sociétés technologiques. Au plus haut niveau, on traitait avec Steve Jobs sans formalité, du style « Est-ce que ça plaît à Steve ? » Même pour des projets à un niveau inférieur, la hiérarchie restait gérable. On traitait généralement avec les mêmes personnes d'une semaine sur l'autre, et si un directeur général était impliqué, il se manifestait régulièrement.

Si nous avions de nouvelles idées à partager pendant l'une de nos réunions régulières avec Steve, nous obtenions une réponse immédiate, sans ambiguïté sur la suite des événements. S'il y avait des changements à apporter, nous savions normalement ce qui les motivait.

Même s'il y avait eu du nouveau entre deux réunions avec Steve Jobs (conditions du marché, événements du moment ou fluctuations dans l'opinion de Steve), nous étions engagés dans une procédure facile à suivre. Il y avait un dialogue constant au sein d'un petit groupe intelligent. De plus, Steve restait joignable entre deux réunions. Il participait pleinement à notre petite équipe en nous téléphonant ou en envoyant un e-mail chaque fois qu'il avait un truc à dire. En un mot, c'était un P-DG exceptionnel.

Lorsque je travaillais pour Intel, l'agence suivait la procédure habituelle de présentation et de discussion, suivie par une révision. La différence essentielle par rapport à Apple est qu'une première réunion servait normalement à obtenir le feu vert pour présenter le projet à un responsable placé plus haut dans la hiérarchie au cours d'une autre réunion. Et cette personne n'était pas forcément au courant des discussions menées dans la première réunion. C'était d'un compliqué ! Dans un tel système, les petits cadres ont tendance à demander un choix de propositions plus large pour être sûr que dans le lot se trouve quelque chose qui plaira à leur supérieur, et que cela donnera une bonne image d'eux-mêmes. Ils hésitent davantage à soutenir des positions qui dérogent légèrement des ordres de la hiérarchie, même si elles paraissent meilleures.

Dans les entreprises très hiérarchisées, il est difficile de prendre fait et cause pour des idées originales, car c'est prendre le risque de s'exposer aux critiques. Dans le système plat d'Apple, il est plus facile de penser autrement.

Chapitre 3
Penser à réduire

Pour évaluer la capacité d'Apple à tout réduire au minimum, il suffit de se rendre dans l'une de ses boutiques. L'espace y est épuré, à l'image des produits en vente. Apple élimine tout le superflu.

La raison de cette démarche est évidente. Steve Jobs a souvent parlé en public de la pureté de la pensée chez Apple. Elle se concentre sur une seule chose sans se laisser distraire.

Un jour, avant l'avènement de Mac OS X, j'ai pu voir ce principe mis à l'épreuve et sortir vainqueur. Tout a commencé par un appel de l'assistant de Steve Job, nous invitant, Lee Clow (le patron de l'agence Chiat) et moi-même, à participer à une réunion imprévue. Notre présence était obligatoire et nous savions seulement que nous serions amenés à rencontrer Steve Jobs et les responsables de la division Logiciels.

Le jour de cette fameuse réunion, nous nous sommes trouvés dans la salle du conseil d'Apple face à des inconnus : outre Steve Jobs, plusieurs responsables de la division Logiciels, et leur directeur général senior, Avie Tevanian. Ignorant toujours l'objet de cette réunion, nous étions pour le moins intrigués.

Le sujet du jour était Mac OS 9, quelques mois avant sa sortie. Steve s'intéressait de près au marketing des nouvelles versions de son système d'exploitation, et cherchait des stratégies pour convaincre les clients d'acheter la mise à niveau. L'une des raisons majeures de sa motivation était le bénéfice potentiel qu'il y avait dans la vente de logiciels. « C'est ce que fait Microsoft, disait parfois Steve, c'est aussi rentable que d'imprimer des billets. »

Il faisait référence au fait qu'une fois le développement terminé, les logiciels sont infiniment plus simples et économiques à fabriquer que des ordinateurs. L'analogie avec les billets de banque était donc tout à fait appropriée.

Nous étions réunis ce jour-là parce que Steve envisageait une approche radicalement différente pour la prochaine version de Mac OS. Au lieu de faire payer la mise à jour, qui coûtait 99 dollars à l'époque, il songeait à proposer en plus une version gratuite de Mac OS 9 qui serait financée par la publicité. L'idée était d'attirer ainsi tous ceux qui d'habitude ne procédaient pas à la mise à niveau à cause de son prix, en compensant le manque à gagner par les recettes publicitaires. Et si l'utilisateur de la version gratuite voulait se débarrasser des publicités, il lui suffisait de payer le prix de la version normale. Après avoir étudié sa faisabilité, l'équipe de Steve avait jugé le concept viable du point de vue financier.

Lee et moi étions stupéfaits par cette nouveauté, contrairement à l'équipe Logiciels qui, elle, avait eu le temps de s'y habituer. Steve nous expliqua comment la publicité serait intégrée. Au démarrage du système, l'utilisateur verrait un spot de soixante secondes, qui serait régulièrement actualisé depuis les serveurs d'Apple. Ailleurs, dans l'interface du système, des annonces pourraient s'afficher à l'endroit le plus opportun. Quand la boîte de dialogue d'impression suggère le remplacement des cartouches d'encre, par exemple, une annonce pour

Epson aurait pu surgir avec un lien vers son site de vente en ligne.

Tout le monde semblait emballé dans la salle, et Steve Jobs paraissait très intrigué par cette idée. En ce qui concerne le spot diffusé au démarrage, nous étions tous d'accord pour réserver cet espace à des sociétés prestigieuses, qui seraient obligées de fournir des publicités de la plus haute qualité. Lee Clow pensait à des annonceurs comme Nike et BMW. Il y avait un quasi-consensus à ce propos.

Mon avis personnel était que cette approche détonnait avec l'image d'Apple. J'avais vu si souvent Steve se vanter du design impeccable des divers produits Apple, et parler avec fierté de leur ligne épurée. L'idée d'introduire de la publicité dans l'environnement immaculé de Mac OS 9 me semblait une aberration.

En sortant de la réunion, Lee et moi avions la désagréable impression que ce projet allait bel et bien aboutir. Mais heureusement, ce ne fut pas le cas. J'ai cru comprendre que trop d'aspects négatifs s'étaient manifestés, et qu'en conséquence Steve avait renoncé à cette idée.

S'il était surprenant que Jobs se fût laissé tenter par cette approche, il restait rassurant que son amour de la Simplicité l'emportât au final. Les paroles tenues par Steve Jobs quelques années plus tôt, lors de la Worldwide Developpers Conference d'Apple de 1997, présageaient déjà l'issue de cet épisode :

> *On a tendance à croire que la détermination consiste à approuver la chose sur laquelle on doit se concentrer. Mais c'est faux. La détermination consiste à savoir refuser les centaines d'autres bonnes idées qui surgissent. Il faut choisir soigneusement. Je suis aussi fier d'avoir refusé des projets que d'en avoir mené à bien. Pour innover, il faut savoir dire non à des milliers de propositions.*

Je suis sûr que nous sommes nombreux à nous réjouir de l'abandon de cette idée de publicités.

La loi de réduction de 1998

Lorsque Steve Jobs est retourné chez Apple après onze d'ans d'exil, la société était en très mauvaise posture, au bord de la faillite. En plus de ses soucis financiers, Apple était assaillie de critiques, et même ses aficionados s'en détournaient peu à peu.

La société s'est retrouvée dans cet état lamentable à cause de ses trois précédents P-DG, chacun coupable de deux fautes impardonnables :

1. Ils n'étaient pas Steve Jobs.
2. Ils n'avaient pas réussi à tirer profit des particularités d'Apple.

Sous la direction de John Sculley, de Mike Spindler, puis de Gil Amelio, Apple n'a cessé de perdre de sa magie… en même temps que des parts de marché. Les journalistes se gaussaient des déboires de la société qui avait autrefois été si puissante. Pour la plupart, Apple n'en avait plus pour longtemps. On prédisait sa faillite imminente, au point d'accoler systématiquement son nom dans la presse à l'adjectif « menacée ». L'entreprise qui avait presque inventé l'ordinateur personnel n'avait pas réussi à empêcher l'essor des PC avec Windows. Son avenir était des plus sombres.

Apple a finalement été sauvée par une décision de Gil Amelio, qui a perdu son poste de P-DG au passage. Afin de garantir la qualité du prochain système d'exploitation pour les ordinateurs Macintosh, Amelio a racheté NeXT, la société de Steve Jobs, en prenant ce dernier comme conseiller personnel.

Le pauvre Amelio n'a pas vu le danger venir !

Steve Jobs s'activait en coulisses auprès du conseil d'administration, et il faut reconnaître que lui seul avait l'esprit visionnaire et le charisme nécessaires pour rétablir la grandeur passée d'Apple. Il en était le moteur, et personne n'avait été en mesure de le remplacer depuis son départ. Le conseil a démis Gil Amelio de ses fonctions et nommé Steve Jobs P-DG par intérim.

Sans prendre le temps de savourer le retournement de situation, Jobs a endossé ses nouvelles responsabilités en instaurant de grands changements dans la structure et l'orientation d'Apple. Il a commencé par remplacer les (nombreux) incompétents par du personnel plein d'audace et de talent, afin de restructurer la société et de revivifier le génie collectif en vue de relancer Apple. Les aventures de Steve nous intéressaient, comme toujours, mais nul ne savait s'il était encore possible de sauver Apple, même avec lui aux commandes.

Je vous rappelle que Steve Jobs a été licencié d'Apple pour une raison : ses dépenses ont fait plonger la société. De plus, l'entreprise créée pendant son « exil », NeXT, n'était pas un bon exemple de rentabilité. Il est pourtant parvenu à démontrer qu'en réduisant certains postes, Apple pouvait se concentrer sur les activités qui allaient rétablir sa bonne santé économique.

Steve a hérité d'une ligne de produits qui était beaucoup trop compliquée, surtout pour une société de la taille d'Apple. En tentant de satisfaire tout le monde, elle proposait un choix confus de modèles d'ordinateurs : Quadra, Performa, Macintosh LC, PowerBook et Power Macintosh, tous beiges et d'aspect très ordinaire. L'inconvénient était que la diversité des modèles fractionnait les ressources de l'entreprise, de la phase de recherche à la commercialisation. Le plus gênant était que cette abondance de choix créait la confusion chez les clients d'Apple comme chez ses employés. Il n'y avait donc aucun avantage à cette situation.

Lors d'une conférence au Flint Center de Cupertino en mai 1998, Steve a fait deux annonces qui allaient modifier l'avenir d'Apple. On garde surtout en mémoire l'annonce de l'iMac, mais l'autre concernait le profond changement de direction de l'entreprise. Steve a présenté la nouvelle stratégie produits d'Apple au moyen d'un simple dessin représentant un carré divisé en quatre quarts.

Une fois de plus, Steve avait utilisé son sceptre de la Simplicité pour réformer toute la gamme de produits d'Apple. Il avait l'intention de réduire le nombre des modèles à quatre : ordinateurs portables pour usage domestique et professionnel et ordinateurs de bureau pour usage domestique et professionnel. Dans l'histoire des technologies, on n'avait jamais vu une réduction aussi drastique d'une ligne de produits.

Le croquis de Steve était à la fois un exemple de Simplicité et un plan général pour la société. Pour tous les employés, ce dessin illustrait clairement la nouvelle orientation. Avec un simple schéma, Steve a fait muter le catalogue d'Apple d'un nombre foisonnant de modèles à seulement quatre. La société s'est alors jetée à corps perdu dans l'inventivité, suscitant l'inspiration chez les ingénieurs et l'attente chez les clients. Avec cette solution, Apple a économisé les millions de dollars que lui coûtait auparavant le maintien de ses nombreux modèles.

Apple s'est grandement développée depuis ce jour, et sa ligne de produits s'est étendue en conséquence. Remarquez que j'ai écrit « étendue » mais pas « compliquée ». La ligne de produits d'Apple, qui inclut maintenant des appareils grand public comme l'iPod, l'iPhone et l'iPad, reste un exemple unique, comparée à la profusion de modèles plus ou moins similaires des fabricants de PC. Chaque produit dans la grille d'Apple a une raison d'être particulière assez évidente. Enfin, tous les produits vendus par Apple sont de première qualité. Tous, rien à jeter.

Quelques années plus tard, Mark Parker, P-DG de Nike, demandait à Steve Jobs s'il avait des conseils à lui donner. Sa réponse fut :

Nike produit des articles qui font partie des meilleurs au monde et qu'on désire ardemment, car ils sont stupéfiants et d'une beauté absolue. Mais vous faites aussi beaucoup de trucs nuls. Débarrassez-vous des nullités pour vous concentrer sur les bons produits.

C'est exactement ce que Steve a fait lui-même, mais il faut avouer qu'il n'y avait pratiquement que des « nullités » dans la ligne de produits d'Apple. Peu à peu, il a réalisé son plan avec une nouvelle gamme d'ordinateurs hors du commun.

Son plan produits fut la base du nouveau modèle économique d'Apple qui allait tout bouleverser. En se limitant à une gamme plus réduite de produits plus prestigieux, et en refusant tout compromis sur la qualité, Apple a réussi à devenir plus rentable, grâce à ses prix élevés. Sachant qu'Apple perdait de l'argent depuis un moment, il était difficile de prévoir l'impact qu'allait produire cette nouvelle politique.

Comme Steve Jobs l'a souvent dit, le point fort d'Apple est de savoir dire non. L'entreprise résiste activement à la tentation de fabriquer de nouveaux produits sous le seul prétexte qu'elle pourrait le faire. Au vu des lignes de produits des autres fabricants d'ordinateurs, il semble très difficile de se soumettre à une telle discipline.

Pendant que Steve Jobs s'activait à réduire la gamme de ses produits, les concurrents du secteur prenaient la direction opposée.

Les dangers de la prolifération

Imaginons que vous ayez envie d'acheter un ordinateur portable. Le vôtre vient de vous lâcher, et comme vous avez assez d'argent pour le remplacer, vous êtes prêt à bondir sur la première offre intéressante qui se présente.

Sur le site Web d'Apple, vous avez le choix entre deux modèles : MacBook Air et MacBook Pro. Pour chaque modèle, vous pouvez choisir la taille d'écran, la vitesse du processeur, la quantité de mémoire et la capacité du disque dur. C'est plutôt simple.

Allez maintenant sur les sites de Dell et de HP. Leur catalogue change fréquemment ; en novembre 2011, HP proposait plus de vingt-trois modèles différents de portables, et il y en avait dix-huit chez Dell. Les fonctions de ces ordinateurs se recoupent largement et leur description occupe plusieurs pages Web. Qui pourrait m'expliquer l'intérêt de proposer autant de modèles ?

Dans ce cas, on parle de prolifération de produits. Les sociétés ne peuvent pas s'empêcher de s'engouffrer dans les nouvelles brèches qui s'ouvrent, en essayant de satisfaire le client et de conclure toutes les ventes, alors que leur intérêt serait d'imposer plus de logique dans leur catalogue et d'en faciliter la consultation. Elles semblent oublier qu'en tentant de satisfaire tout le monde, elles risquent de ne contenter personne. Sur la voie de la Simplicité, Apple a choisi de fabriquer peu de produits, mais avec la qualité maximale. La société bénéficie d'une clientèle très fidèle, non pas grâce aux produits qu'elle *peut* faire mais à ceux qu'elle *choisit* de faire. Elle ne fait que du haut de gamme et laisse volontiers ses concurrents occuper le marché du bas de gamme.

Les visiteurs de Dell.com comprennent mal pourquoi un modèle serait parfait pour le bureau mais moins parfait pour la maison. On parle beaucoup de facilité d'emploi des ordinateurs, surtout entre les défenseurs du Mac et du PC, mais qu'en est-il de la facilité d'achat ?

La Complexité adore l'abondance de choix. En conséquence de quoi, il faut plusieurs heures, au lieu de quelques minutes, pour prendre une décision. Pendant ce temps, pour vous rassurer, vous allez téléphoner à vos amis calés en informatique ou chercher des conseils d'achat sur le Web.

HP et Dell expliqueront qu'ils proposent autant de modèles parce que leur clientèle veut avoir le choix. La politique d'Apple est de proposer des modèles distincts avec des différences évidentes (ultra-mince et ultra-léger ou entièrement équipé), puis de permettre au client de personnaliser le modèle choisi.

Rares sont les clients qui quittent le site d'Apple avec le sentiment d'un manque de choix. Au contraire, ils ont l'impression que la gamme de produits d'Apple est présentée de manière à simplifier l'achat. L'expérience d'achat d'un Mac renforce l'image d'Apple comme l'entreprise qui facilite l'acquisition et la possession d'ordinateurs de pointe.

Ceux qui croient que l'abondance de choix réjouit les clients devraient se documenter. Depuis huit ans, Apple devance les autres fabricants d'ordinateurs dans les classements de l'ACSI (*American Customer Satisfaction Index*, indice américain de satisfaction des clients). On ne lui a jamais reproché son « manque de choix ». Au contraire, les consommateurs américains apprécient la grande lisibilité de sa gamme de produits. Ils n'y voient pas moins de choix mais moins de confusion. Et ils s'attachent à une société auprès de laquelle faire un achat ne devient pas un casse-tête.

Il est clair que les consommateurs recherchent et apprécient le choix ; c'est la surabondance qui est nuisible. Quand le client est submergé de choix, ce n'est plus un avantage mais un inconvénient. La profusion est une distraction inutile pour les visiteurs d'un site déterminés à dépenser leur argent. La surabondance de modèles va plonger le client potentiel dans le doute et, après l'achat, il se demandera avec angoisse s'il ne s'est pas trompé.

Même le personnel de chez Dell n'est pas toujours capable d'expliquer les différences entre les modèles. Pour mieux comprendre comment Dell conseille ses acheteurs potentiels, je me suis glissé dans la peau d'un client, sur le Web et au téléphone. J'ai débuté par une question élémentaire : « Je veux un portable léger, mais tous ces modèles sur votre site me laissent perplexe. Pouvez-vous m'aider à comprendre ce qui les distingue ? »

Je reconnais que les vendeurs sont restés aimables jusqu'au bout, mais ils n'ont pas clarifié grand-chose. Au téléphone comme sur son site Web, Dell se contente d'exposer un large assortiment de modèles en espérant que vous en trouverez un à votre goût. Quand, après avoir expliqué mes priorités, j'ai tenté d'obtenir un vrai conseil en demandant « Alors, lequel pensez-vous qu'il me faudrait ? », j'ai certes obtenu des recommandations, mais qui divergeaient selon le vendeur. En me faisant passer pour un client incapable de différencier un modèle d'un autre, je ne faisais pas vraiment semblant. Le choix était en effet trop confus.

La règle de base du commerce sur Internet est la même que dans les magasins. Plus l'acte d'achat sera simple et rapide, plus vous conclurez de ventes. Tous les sites d'e-commerce devraient avoir pour but de réduire au minimum les obstacles entre les visiteurs et le bouton Acheter. Quand la Simplicité entre en jeu, le client a plus de facilité à prendre une décision et à fournir son numéro de carte bancaire.

Les clients réguliers de Dell et de HP étant habitués au site Web de leur fabricant de PC, leur expérience d'achat n'est pas forcément négative, ce qui ne veut pas dire qu'elle soit positive pour autant. Ce sont les impressions positives qui nous motivent à partager une expérience avec notre entourage. Pour survivre dans un environnement concurrentiel, on ne peut pas se contenter d'une neutralité bon enfant. Il faut se distinguer en offrant aux clients une expérience unique qu'ils ne trouveront nulle part ailleurs.

Encore un champ de bataille pour la Simplicité !

Faire ses achats en ligne sur l'Apple Store ou dans une boutique Apple en ville n'a rien d'une expérience anodine. Les gens achètent les produits Apple parce qu'ils sont simples et novateurs, mais ils sont poussés à l'achat parce que l'*expérience* d'achat est simple et novatrice. Apple a simplifié les choix pour qu'il vous soit facile de trouver le produit qui vous convient, même si vous n'en étiez pas sûr au départ. Personnaliser est simple. Acheter est simple.

Pour Apple, renforcer l'image de sa marque est simple.

Quand moins égale mieux

La notion de Simplicité a évolué chez Apple au fil des ans, comme tout le reste.

Quand on regarde les lignes pures du dernier iMac en aluminium, il est difficile d'imaginer pouvoir travailler sur le premier iMac à coque plastique, qui était pourtant une merveille de Simplicité en son temps.

Jony Ive (*N.D.T.* : responsable du design des produits Apple) est si consciencieux dans sa manière de concevoir la technologie et Steve Jobs si pointilleux qu'ils estimaient chaque détail suffisamment important pour y consacrer autant de temps que nécessaire. Lorsque Steve Jobs a réuni l'équipe de l'agence pour nous présenter le premier prototype de la deuxième génération d'iMac, il était fier comme un jeune père.

En attirant notre attention sur les angles inférieurs du cadre, à l'endroit où la face rejoint les bords, il a expliqué que, sur le premier iMac, l'angle était formé de trois panneaux de plastique avec une fine ligne de démarcation entre chacun. Dans la nouvelle version, les angles sont formés d'une seule pièce sans aucune jointure. Le client lambda n'aurait jamais remarqué cette amélioration. Mais Steve en parlait comme s'il décrivait la façon dont Michel-Ange avait peint une partie de la chapelle Sixtine.

Il se réjouissait d'avoir pu réduire le nombre d'éléments avec autant d'ingéniosité.

Aujourd'hui, tous les produits d'Apple sont un modèle de Simplicité, mais peu de gens semblent aptes à le comprendre. Lors de l'annonce de l'iPad, certains se sont plaints de son manque de fonctionnalités. Les premières tablettes concurrentes tâchaient de séduire les clients en proposant tout ce qui « manquait » dans l'iPad : plus de ports, des fentes pour les cartes mémoire, *etc.* Mais ces ajouts n'ont pas convaincu. Ce sont les abstractions faites par Apple durant la phase de conception qui plaisaient aux consommateurs.

Si vous mourez d'envie de posséder un iPod pour son esthétique irréprochable ou la manière dont il répond au toucher ; si le nouvel iPhone de votre ami déprécie soudain votre mobile, vous êtes déjà sensible au pouvoir de la Simplicité.

Vous ne vous doutiez sans doute pas que vos envies avaient à voir avec le monde des affaires. En réalité, l'attrait pour la Simplicité concerne toutes les activités commerciales.

Retenez ceci comme une loi élémentaire en commerce : la Simplicité possède une force de séduction imparable.

Simplifier la cible

La Complexité peut se vanter d'avoir commis des ravages dans l'univers des PC. Entre Dell, HP, Acer, Samsung et les autres, les gammes de PC constituent un chef-d'œuvre de confusion qui s'étale sur tous les continents.

Les fabricants de PC produisent des modèles d'ordinateurs pour les PME, les grandes entreprises, l'enseignement, le secteur public et toutes les catégories de particuliers. Ils n'ont jamais proposé autant de choix et font très peu de bénéfices sur chaque modèle.

Fidèle à sa croyance en la Simplicité, Apple a suivi une orientation radicalement différente. Au lieu de diviser ses efforts de commercialisation des ordinateurs en direction des différents types de clients, elle a choisi de se concentrer sur le seul qu'elle connaît : les êtres humains. Apple commercialise ses produits selon le principe que ses clients ne cherchent pas un superordinateur soit pour la maison soit pour le bureau ; ils veulent un superordinateur, c'est tout.

C'est une approche infiniment plus simple de vendre un produit, et aussi beaucoup plus économique. Le message marketing d'Apple s'adresse à tous, en laissant les consommateurs utiliser leur intelligence pour choisir eux-mêmes le modèle qui leur convient. Certains choisiront la machine super puissante de la gamme Pro pour un usage domestique, tandis que d'autres achèteront le modèle de base pour le bureau. Pourquoi pas, tout est bon.

Compte tenu de la minuscule marge de bénéfices que dégagent des sociétés comme Dell, on se demande bien pourquoi elles continuent à produire une telle variété d'ordinateurs pour la maison et le bureau. On en déduit qu'elles ne peuvent pas s'en empêcher. Contrairement à Apple, qui opère sous un seul compte de pertes et profits, Dell est organisée en divisions qui opèrent indépendamment les unes des autres, les deux principales étant les divisions Entreprises et Particuliers. Chacune est dotée d'une équipe de management, d'objectifs, d'un savoir-faire et d'une gamme de produits qui lui sont propres. Les cadres se soucient peu de ce qui se passe dans les autres divisions de Dell.

La division Entreprises est la plus rentable, parce que les clients professionnels achètent des PC et des serveurs par milliers. Dans ces conditions, Dell conçoit allègrement ses ordinateurs professionnels en fonction des demandes des responsables informatiques qui contrôlent les millions de dollars du budget informatique des entreprises.

La division Particuliers, quant à elle, se veut plus fantaisiste et soucieuse du style, en proposant notamment des capots interchangeables pour les portables (option qui compliquerait la vie d'un responsable informatique s'il devait répondre aux envies des salariés de l'entreprise).

Or, le marché de l'informatique a beaucoup évolué ces vingt dernières années. Les professionnels veulent un « chouette » ordinateur pour le bureau comme pour la maison. De leur côté, les particuliers exigent la puissance maximale pour profiter des jeux récents ou faire du montage vidéo.

Apple a perçu cette convergence des besoins comme la possibilité de commercialiser un plus petit nombre de modèles haut de gamme. Mais Dell continue de répartir ses ressources selon plusieurs divisions, chacune dédiée à une famille de produits en perpétuelle expansion. Il est paradoxal qu'avec leur minuscule marge de bénéfices, comme c'est le cas actuellement, les fabricants de PC persistent à s'organiser et à vendre leurs produits de façon aussi peu rentable. Chez Dell, les divisions Entreprises et Particuliers proposent des portables avec des caractéristiques très similaires, si bien qu'elles se font concurrence entre elles.

En travaillant pour Dell, j'ai pu constater que nombre de ses cadres ont saisi les bienfaits de la méthode Apple pour simplifier les familles de produits et leur commercialisation, et qu'ils poussent leur société à adopter une approche similaire. Mais Dell, comme beaucoup d'autres entreprises (et pas seulement dans le secteur des hautes technologies), est devenue imperméable à la Simplicité. Sa structure interne refuse tout changement, et il faudrait un effort monumental à tous les niveaux pour faire bouger les choses.

Rappelons qu'il est toujours plus facile de faire compliqué que d'atteindre la Simplicité. Pour réduire sa gamme de produits et regrouper les cibles, l'entreprise doit être prête à se réformer.

Et la Simplicité ne surgit jamais d'elle-même ; il faut que quelqu'un la défende et l'impose.

Les exploits imaginaires de Michael Dell

Il y a fort longtemps, quand je débutais dans le métier de rédacteur publicitaire, je souffrais d'une affection bizarre.

Elle se manifestait uniquement lorsque je travaillais sur le projet d'une entreprise qui rencontrait tellement de problèmes que son avenir semblait menacé. Sans raison apparente, j'imaginais la manière la plus spectaculaire, et donc la plus improbable, qu'aurait mon client de rétablir la situation pour conquérir le monde.

Il va sans dire que mon travail pour l'agence publicitaire de Dell m'a donné plusieurs occasions de laisser libre cours à mon imagination. En réfléchissant au problème de prolifération de produits chez Dell, aux nouvelles envies des acheteurs d'ordinateurs, aux miracles que la société pourrait accomplir en simplifiant et en réduisant sa gamme, au fait que seul Michael Dell avait le pouvoir de changer la donne et en sachant qu'il avait mille et une choses plus importantes à faire que de perdre son temps avec sa petite agence publicitaire, je suis parti en plein délire.

La chose la plus improbable qui pourrait jamais arriver à Dell serait que Michael Dell redevienne révolutionnaire, contrairement à ce que tout le monde attend d'un fabricant de PC. J'imaginais que Michael Dell allait devenir le « roi du minimalisme ». Voici le scénario que j'inventai.

Un jour, Michael invite la presse du monde entier à un événement majeur, comme le fait Apple, et les journalistes traversent les océans pour entendre sa parole. Certes, il faudrait peut-être les motiver avec quelques cadeaux pour remplir la salle. Mais comme nous sommes dans le domaine de l'imaginaire, tout est permis.

Les équipes des JT sont présentes pour couvrir l'événement. Tout comme le président des États-Unis se présente parfois devant le peuple américain, pour énumérer tous les obstacles que le pays doit surmonter et proposer un plan courageux afin de lui redonner sa grandeur, Michael Dell se présente dans une posture héroïque. Avec deux drapeaux derrière lui (le drapeau américain et un drapeau Dell spécialement conçu pour l'occasion), il présente sa vision audacieuse de l'informatique, étayée de faits plus que probants.

Il raconte son histoire, comment après le lycée il a lancé Dell avec une simple idée en tête : lancer l'une des marques les plus renommées de la planète. Il la décrit comme une société mue par l'intelligence absolue, qui a réussi à mettre la haute technologie à la portée des gens ordinaires, en leur permettant de réaliser des merveilles, et même de changer le monde.

Il décrit comment, en cherchant à devenir la meilleure entreprise de son secteur, Dell a multiplié sa gamme d'ordinateurs par cinquante depuis sa fondation, en répondant aux besoins de toutes sortes de clients du monde entier, des vidéastes, enseignants et restaurateurs aux multinationales qui achètent des dizaines de milliers de PC.

Il raconte comment le marché s'est sophistiqué, du côté des entreprises comme des particuliers, et comment la technologie a pu s'orienter vers autant de directions prometteuses, comme les smartphones et les tablettes tactiles.

Il démontre qu'aucune entreprise n'a jamais été mieux placée que Dell pour nous aider à faire entrer l'incroyable potentiel de la technologie dans notre quotidien. Puis il marque une pause. Le fond musical tonitruant s'interrompt aussi. Dans ce silence inattendu, le public pendu à ses lèvres, Michael se tourne vers la caméra pour faire une annonce plus que décisive. Il nous informe que Dell est sur le point de procéder à des changements radicaux pour pou-

voir conduire l'humanité de l'âge d'or technologique actuel à un âge de platine encore plus prometteur.

À partir de ce jour, dit-il, Dell va réduire sa gamme de cinquante modèles de portables et ordinateurs de bureau à seulement six. En concentrant l'ensemble des efforts de la société sur très peu de modèles, Dell pourra fournir des ordinateurs haut de gamme et de nouveaux appareils mobiles stupéfiants à des prix tout à fait raisonnables. Il explique comment sa nouvelle ligne de produits allégée permettra à Dell de répondre aux besoins de tous ses clients en garantissant un taux de satisfaction maximal.

Il s'interrompt pour montrer quelques superbes exemples de portables et de tablettes, ultra-fins et légers, qui seront bientôt en vente, et le public de se lever pour applaudir. La vidéo derrière Michael est grandiose. On y voit des familles de toute nationalité, des gens au bureau et à l'usine, tous désormais libres de créer sans contrainte. Dell et ses clients avançant main dans la main vers de nouveaux horizons.

Michael proclame avec énergie que la Dell est prête pour une nouvelle ère, avec pour mission de surprendre ses clients par de nouvelles idées pour mieux connecter les amis, la famille et les entreprises.

Il conclut en disant que la nouvelle Dell se soucie plus que jamais de ses clients, leur offrant des choix simples, des ordinateurs faciles d'emploi et une assistance technique rapide et efficace.

(Michael se réjouit intérieurement de son futur bilan, sachant que toutes ces réformes vont réduire ses coûts opérationnels d'au moins un tiers tout en stimulant les ventes.)

Cette présentation fait la une des journaux du monde entier. La presse commente le bon sens de l'étonnante trans-

formation de Dell. Comme cela s'est produit pour Steve Jobs lors de son retour chez Apple en 1997, d'aucuns accusent Michael de ne pas reconnaître que c'est lui le plus gros problème de Dell, qui irait beaucoup mieux s'il gardait ses distances. D'autres vantent ses mérites, en affirmant qu'il était le seul à pouvoir redonner à Dell la magie et l'élan de ses débuts, quand l'argent coulait à flots. L'essentiel étant que Dell est devenue un sujet d'actualité. Elle ne cherche pas à faire autorité mais à marquer l'histoire.

En un instant, Dell est perçue comme une force révolutionnaire dans le domaine technologique, en s'attaquant aux tendances tenaces qui ont entraîné les PC au fond du gouffre ces dernières décennies.

Pour finir, on organise une parade avec serpentins et cotillons dans New York, suivie de l'annulation par le Congrès de la prochaine élection afin de nommer Michael Dell président par acclamation unanime.

Revenons à la réalité. L'intérêt de ce scénario fantaisiste n'est pas d'indiquer ce que Michael Dell devrait faire mais de démontrer que la réduction peut avoir un formidable impact, si tant est qu'elle s'appuie sur un grand courage. Il faut avoir la détermination de prendre des mesures, même si elles risquent d'en contrarier certains.

C'est regrettable, mais l'envie de minimalisme ne va pas toujours de pair avec l'intelligence. Certains esprits même très brillants ne peuvent s'empêcher de compliquer les choses. Beaucoup croient qu'offrir un catalogue complet de produits est la bonne solution pour satisfaire les clients. En réalité, fournir trop de choix est surtout une manière radicale de semer la confusion.

Pour réduire efficacement, il faut avoir l'esprit clair et vif. Il faut parfois s'imposer avec force pour effectuer les réformes nécessaires, mais au final la réduction rend l'entreprise plus efficace, et son dirigeant, plus performant.

Alléger les procédures

J'imagine que vous n'avez pas les problèmes de Michael Dell. Vous n'en êtes sûrement pas à fabriquer des millions d'ordinateurs. Il est plus probable que votre entreprise soit préoccupée de trouver des idées, et il vous en faut peu mais des bonnes. Vous n'avez nul besoin de réduire une ligne de produits mais d'alléger vos procédures au minimum.

Remercions Dell pour avoir démontré comment saturer un catalogue de produits, et revenons à Intel, pour montrer comment entraver une bonne idée.

N'y voyez aucun humour de ma part, mais ces sociétés nous rendent un grand service en montrant le mauvais exemple. Comme elles opèrent à très grande échelle, les conséquences de la Complexité sont plus évidentes. Et mieux vous comprenez les méthodes tortueuses de la Complexité, plus vous êtes à même de les contrecarrer.

Mon arrivée dans l'agence publicitaire d'Intel fut un véritable choc après l'univers infiniment plus simple de la marque à la pomme. Chez Apple, si une idée était approuvée, l'agence avait le feu vert pour se lancer dans la production. Steve Jobs faisait confiance à l'agence pour mener à bien sa mission. Notre prochaine réunion avait généralement pour objet de lui présenter la publicité terminée. Jobs avait réduit au minimum les procédures liées au développement créatif.

Rien de tel chez Intel, où l'approbation d'une idée n'était que la première étape d'une longue route sinueuse. Le système en vigueur chez eux trahissait un manque de confiance, avec toute une série de contrôles censés garantir le succès. D'ailleurs, Intel ne se faisait même pas confiance pour prendre une décision. La société avait établi un système mondial très élaboré de focus groupes pour vérifier, trois fois plutôt que deux, qu'elle allait créer la meilleure publicité possible.

Cette situation s'explique partiellement par le fait qu'Intel devait s'assurer que ses publicités auraient autant d'impact dans les diverses cultures du monde où se vendait sa production. Apple est aussi une multinationale, mais elle a choisi une voie plus simple. Au lieu de se ruiner avec de longues analyses et des réunions de consommateurs dans le monde entier, elle se contentait de consulter son personnel dans les différents pays. Si un problème potentiel était signalé, nous pouvions trouver une solution.

Les tests de consommateurs occupaient autant de place chez Intel que dans les autres grandes entreprises. Et ils y produisaient aussi les mêmes résultats, à savoir des publicités qui n'avaient rien de sensationnel. C'est un résultat prévisible quand le travail est homogénéisé dans l'espoir de créer le « spot parfait », celui qui énonce tous les arguments de vente sans offenser personne. Ce genre de publicités est bien noté par les focus groupes mais parvient rarement à toucher le consommateur.

Chez Apple, la sélection du meilleur spot suivait un processus logique, même quand les débats étaient animés. Des adultes intelligents s'asseyaient autour de la table de conférence pour discuter des mérites de chaque publicité. (Sauf une fois où Reed, le fils de Steve Jobs, alors âgé de 9 ans, fut invité à donner son avis sur la campagne du nouvel iMac.)

En disant qu'Intel raffolait des tests de consommateurs, je minimise sa dépendance vis-à-vis de ces études. Lorsque nous entamions une nouvelle campagne, voici comment les choses se déroulaient dans le monde d'Intel :

- Sélectionner les trois meilleures campagnes proposées.

- Organiser des réunions de consommateurs dans plusieurs villes pour tester les trois campagnes (au niveau international si nécessaire).
- Produire la campagne retenue (et parfois celle arrivée en deuxième position en tant que plan de secours).
- Tester à nouveau les versions finales de tous les spots avec encore plus de focus groupes.
- Réviser les publicités si nécessaire, d'après les résultats de l'étude.
- Diffuser les publicités à la télévision.
- Tester une fois de plus les spots en cours de diffusion, et effectuer des changements immédiats si nécessaire.

Intel voue un culte aux tests de consommateurs à peu près équivalent à la dévotion d'Apple pour la Simplicité. Le recours aux focus groupes est inscrit à toutes les étapes. Les études de ce type sont obligatoires pour tous les projets marketing, ce qui entrave grandement le travail.

Intel avait intégré à sa structure une unité de recherche qui testait en permanence les campagnes partout dans le monde. À certaines étapes du processus, nous étions convoqués à une réunion avec les responsables marketing d'Intel pour connaître les résultats de ces études.

Les membres de cette unité étaient très fiers de leurs protocoles de test. Dans un test, ils avaient réduit un spot de trente secondes à trente images, soit une pour chaque seconde. Après visionnage du spot, ils soumettaient les sujets aux images une par une pour voir lesquelles ils avaient retenues. L'étude se concrétisait par un graphique qui démontrait, seconde par seconde, à quel point la publicité était mémorable. Ils pouvaient ainsi identifier quelles portions du spot avaient besoin d'être renforcées.

Ce type de test laisse entendre que la meilleure publicité serait celle qui obtient une bonne note sur toute la durée des trente secondes, ce qui, bien entendu, ne correspond pas aux règles de base d'une bonne narration. Mais ce genre d'analyse faisait partie intégrante de la mentalité des ingénieurs d'Intel, et ces réunionss étaient une étape obligatoire dans le processus. Personne ne remarquait que les micro-analyses comme celles-ci faisaient perdre du temps et de l'argent à la société tout en orientant le projet vers la médiocrité.

Intel ne s'est jamais rendu compte que ces tests n'existaient pas chez Apple, alors que la société à la pomme produisait des campagnes d'une grande efficacité et presque toutes récompensées.

La politique d'Intel semble dictée par la crainte qu'il suffit d'une seule mauvaise idée pour renverser l'empire. Du côté d'Apple, on accepte l'idée qu'une erreur n'a rien de dramatique, qu'il vaut mieux viser loin, quitte à se tromper à l'occasion, que de s'encombrer avec des protocoles qui étouffent la créativité des publicitaires.

La différence entre les procédures de ces deux sociétés se situe dans la capacité à alléger, dont peut se targuer Apple, à l'inverse d'Intel.

Steve Jobs songeait à réduire à l'essentiel presque tout ce qui lui était soumis, qu'il s'agisse d'un nouveau produit ou d'une nouvelle publicité. Il avait une sainte horreur de toute suggestion susceptible d'ajouter une couche de complication, comme le ferait le recours à un focus groupe.

L'agence Chiat avait de la chance d'avoir Steve Jobs pour client, un homme dont l'amour de la Simplicité n'aurait jamais autorisé des inconnus à imposer leur jugement sur ses publicités. Pour ceux qui sont obligés de passer par les tests de consommateurs, la meilleure façon d'éviter que les idées géniales ne déraillent est d'avoir un partenaire chez le client qui partage les mêmes valeurs.

L'agence Goodby, Silverstein & Partners de San Francisco a prouvé l'ineptie des réunions de consommateurs lorsqu'elle a travaillé pour le compte de la gamme automobile Saturn ION. Son spot révolutionnaire (appelé *Sheet Metal*) montrait des gens en lieu et place des voitures sur les routes. À la fin seulement apparaissait une voiture tandis que l'annonceur disait : « Quand nous concevons nos voitures, nous ne voyons pas des plaques de tôle. Nous voyons les gens qui pourraient un jour les conduire. » Cette publicité, qui a remporté un succès public phénoménal, avait pourtant fait un gros flop dans les tests de consommateurs. Les autres constructeurs automobiles l'auraient certainement abandonnée. Heureusement, l'agence a su insister et son client était prêt à passer outre les résultats de l'étude.

Ceux qui croient à la Simplicité pensent que les bonnes idées ont besoin d'être protégées de ceux qui risquent de les détériorer. La meilleure façon de s'y prendre est d'alléger les procédures qui sanctionnent ces idées.

Isoler pour mieux frapper

Les êtres humains sont bizarres. Donnez-leur une idée, et ils hochent la tête. Donnez-leur cinq idées, et ils se grattent la tête. Pire encore, ils oublient les idées qui leur ont été présentées en premier.

Il est essentiel d'alléger le contenu du propos pour faire passer le message. Ce principe a beau découler du Bon Sens, il est pourtant souvent négligé en marketing et dans d'autres domaines. Votre propos sera compris plus vite et plus facilement si vous évitez de le noyer au milieu d'autre chose.

Curieusement, même les personnes les plus intelligentes ont parfois besoin qu'on leur rappelle ce principe, y compris un certain Jobs, fondateur de la célèbre marque à la pomme.

Lors d'une réunion entre l'agence et Steve Jobs, dans laquelle nous planchions sur le contenu d'une publicité pour l'iMac, nous n'étions pas d'accord sur ce que nous devions dire dans le spot. L'équipe de création soutenait qu'il serait plus percutant s'il se contentait de décrire la caractéristique principale de l'iMac. Steve pensait, en revanche, qu'il y avait quatre ou cinq caractéristiques primordiales à mettre en avant. Selon lui, il était tout à fait possible d'énoncer tous ces points dans un spot de trente secondes.

Après quelques minutes de discussion, Jobs semblait campé sur ses positions. Le patron de Chiat, Lee Clow, eut alors l'idée de faire une petite démonstration de ses principes.

Clow déchira cinq feuilles de son bloc-notes et les froissa en cinq boules de papier.

« Hé, Steve, attrape ! » dit-il en lançant une boule de papier à travers la table. Steve l'attrapa et la renvoya.

« C'est une bonne pub, dit Clow.

– Maintenant, attrape ça ! » poursuivit-il en lançant les cinq boules de papier dans la direction de Jobs. Ce dernier n'en attrapa pas une seule ; les boules rebondirent sur la table et au sol.

« C'est une mauvaise pub », conclut Clow.

La démonstration était très convaincante : plus il y a d'éléments sur lesquels se concentrer, moins on en retient. Clow voulait faire comprendre que, pour donner aux gens une bonne raison d'essayer l'iMac, il fallait sélectionner et mettre en avant la caractéristique la plus convaincante.

Steve Jobs n'a pas vraiment craqué et promis de ne jamais plus douter de nos compétences. Il a pourtant reconnu la justesse du raisonnement. La démonstration de Clow a détendu l'ambiance et fait tourner le vent à notre avantage. Nous avons quitté la salle avec le feu vert pour un spot beaucoup plus simple que celui prévu par Jobs au début de la réunion.

Cette scène m'est revenue en mémoire lorsque je travaillais dans l'agence publicitaire d'Intel quelques années plus tard. Nous étions dans la salle de montage à visionner la version finale du premier spot de notre nouvelle campagne, quand j'ai senti l'angoisse monter en comptant le nombre de points à retenir pour le public : le spot comportait quatre titres successifs, chacun présentant une caractéristique du produit, puis, à la fin, il y avait pas moins de *quatre* écrans avec titres et graphiques qui résumaient le tout !

À cet instant, je souhaitais que Lee Clow entrât en scène pour jeter ses boules de papier, ou mieux, que Steve Jobs intervînt pour virer quelqu'un (oublions ce dernier scénario, parce que c'est moi qui aurais perdu ma place !). Jobs n'aurait pas tenu compte que nous avions tenté tous les arguments possibles pour simplifier le spot. Il aurait seulement constaté notre échec.

Mais ni Clow ni Jobs n'étaient présents. J'étais avec l'équipe d'experts en marketing du client et de l'agence, presque tous emballés par cette publicité. C'était compréhensible, puisqu'elle comportait au moins un élément pour satisfaire chaque partie, chacune voulant voir à l'écran un certain message ou logo.

Malheureusement, la Simplicité n'agit pas tel Han Solo dans *Star Wars*, en surgissant à la dernière minute pour éviter une catastrophe. Votre message doit donc être réduit au minimum dès le départ.

Les gens réagissent toujours mieux à une seule idée exprimée clairement et décrochent dès que la Complexité fait son apparition dans le paysage.

Cet inexplicable besoin d'obscurcir

Réduire le nombre d'éléments est une bonne solution pour simplifier une chose compliquée. Il serait donc logique qu'une entreprise se mobilise pour faire de même.

Il est déroutant de voir une grande société, censée avoir du personnel intelligent et compétent en marketing, prendre la direction opposée en rendant confuse une idée simple.

Je parle ici de Microsoft.

En 2007, j'ai eu le plaisir de participer au marketing de Mac OS X Leopard, sorti environ dix mois après Windows Vista. Ces dates de sortie tombaient bien pour Apple, parce que les utilisateurs de PC étaient tellement déçus de Vista qu'ils se convertissaient en masse au Mac. C'était le moment opportun pour suggérer aux utilisateurs de PC que la meilleure option de mise à niveau était le système Mac. Pour me préparer à ce travail, j'ai dû m'immerger dans le monde de Vista.

Mon point de comparaison était la mise à niveau vers Leopard, qui était on ne peut plus simple. Apple proposait une seule version de Leopard, au prix de 129 euros, compatible avec tous les ordinateurs Mac et incluant toutes les fonctionnalités avancées.

Du côté de Vista, au contraire, c'était la confusion totale. L'utilisateur se voyait proposer quatre versions, de 200 à 400 euros environ, avec différentes familles de fonctionnalités. La version de base coûtait 50 % plus cher que Leopard, et la version la plus complète coûtait trois fois plus cher.

Avec Leopard, la procédure de mise à niveau avait été minutieusement réduite pour simplifier la tâche des utilisateurs. En revanche, la procédure de mise à niveau vers Vista était difficile, sans doute pour simplifier la tâche de Microsoft.

Tout ça, c'est du passé. Microsoft a certainement tiré la leçon de ses mésaventures avec Vista et a amélioré la procédure de mise à niveau vers Windows 7. Mais pas tout à fait. L'amélioration est que Windows 7 se présente en seulement trois versions, de 200 à 300 euros environ. Le client doit deviner quelle version lui conviendra et payer beaucoup plus que pour Mac OS X Lion (vendu moins de 25 euros en mise à niveau sur l'App Store). Par conséquent, la version la plus complète de Windows 7 coûte maintenant dix fois plus cher que Lion.

Un choix réduit d'options fournit une solution plus simple pour les clients, un meilleur rapport qualité-prix, le tout sans casse-tête. Il faut mobiliser des efforts pour éliminer des couches de Complexité, des efforts surhumains parfois, mais comme Apple le sait, la contrepartie de ces efforts est une relation de confiance plus solide avec les clients. Les bonnes relations gagnent de la valeur sur le long terme. À l'inverse, des prix excessifs pour des offres commerciales confuses donnent aux clients l'impression de se faire arnaquer. Et ce n'est pas la bonne méthode pour fidéliser la clientèle.

Bien entendu, c'est au tout début que Microsoft aurait dû s'occuper de ces problèmes. Il serait trop fastidieux de changer les choses maintenant.

En conclusion, dans le doute, réduisez au minimum.

Chapitre 4
Penser en action

Lors du retour de Steve Jobs en 1997, Apple était en perdition. D'ailleurs, il l'a confirmé plus tard dans une interview en disant qu'« Apple était à trois mois de la faillite ».

Selon lui, ce qui s'était passé chez Apple pendant ses onze années d'absence n'était pas très rusé. Heureusement, tout cela était désormais derrière lui, à l'exception d'une certaine décision de Gil Amelio, encore en vigueur.

Comme cela se fait souvent dans les entreprises confrontées à des difficultés, Amelio avait autorisé le service marketing à chercher une autre agence publicitaire. Comme si les problèmes d'Apple pouvaient être imputés à son agence !

Au moment où Steve Jobs s'installait dans ses nouvelles fonctions, il a appris que la société allait se lancer dans cette procédure de sélection. À ce stade, plus de vingt agences avaient déjà soumis des propositions, et la liste avait été réduite à douze. Il était prévu de rencontrer les représentants de chaque agence pour en retenir cinq qui auraient l'occasion de faire leurs preuves. La procédure allait prendre des mois.

Il était impossible pour Steve Jobs de tolérer une telle perte de temps, digne des grosses sociétés, mais pas d'Apple. Il mit donc fin à cette procédure au nom de la Simplicité. La seule décision qu'il approuva fut de rompre avec l'agence actuelle d'Apple, BBDO Los Angeles. Après tout, c'était celle choisie par John Sculley après le renvoi de Chiat, l'agence de prédilection de Jobs.

Steve Jobs voulait une procédure des plus simples, et travailler avec une petite équipe marketing composée de personnes intelligentes en qui il avait confiance. Par respect de l'esprit de Simplicité, il tenait à démarrer au plus tôt.

Rester toujours en action

Steve Jobs a commencé par proposer un rendez-vous à son vieil ami Lee Clow, qui m'a invité à participer, puisque nous nous connaissions bien et que j'avais travaillé huit ans pour Steve du temps de NeXT.

Cette première entrevue avait un air quelque peu historique, car le duo Jobs-Clow était resté célèbre dans l'univers de la publicité après le lancement du premier Macintosh. Et les revoilà associés, prêts à discuter d'un nouveau partenariat. Après une accolade sans effusion, la discussion a débuté. Jobs a résumé la situation d'Apple et indiqué qu'il allait redresser la société étape par étape. Le plus gros problème était, évidemment, la gamme de produits, ce qu'il avait déjà confié dans une interview de *BusinessWeek* juste avant d'accepter de revenir chez Apple :

> *Les produits craignent vraiment ! Ils n'ont plus rien de séduisant…*

Le partenariat entre Apple et Chiat n'était pas encore gagné. Jobs avait reçu une proposition intéressante de l'agence Arnold de Boston, avec laquelle nous étions en concurrence. Il voulait aussi que son équipe marketing approuvât son choix ; c'est pourquoi il nous a demandé de réfléchir aux moyens de solutionner le problème d'Apple et de revenir sans tarder avec des idées.

Notre collaboration a démarré d'emblée sur les chapeaux de roue, et ce rythme ne s'est jamais plus affaibli.

Il y avait beaucoup d'engouement chez Chiat à l'idée de retravailler pour Apple. L'agence avait été écartée au moment du départ de Steve Jobs, décision jugée profondément injuste par de nombreux observateurs dans le secteur de la publicité, compte tenu du travail spectaculaire qu'avait fourni Chiat durant toutes ces années. L'agence avait maintenant l'occasion de réparer cette injustice.

Lee Clow a rassemblé une équipe talentueuse comprenant Rob Siltanen, qui dirigeait à l'époque l'équipe de création de l'agence publicitaire de Nissan. J'avais énormément de respect pour Siltanen, depuis que j'avais collaboré avec lui pour le compte d'Apple chez BBDO du temps de Sculley.

L'équipe de Chiat a réalisé plusieurs vidéos explorant différentes pistes pour redorer le blason de la marque à la pomme. Puisque la survie d'Apple était menacée, l'une des vidéos imaginait à quoi ressemblerait le monde si cette société venait à disparaître, avec le démontage d'enseignes Apple et la fermeture de ses boutiques. Le message était que le monde créatif allait perdre un puissant allié. C'était certes vrai, mais ô combien déprimant ! Une autre vidéo était une version préliminaire de la publicité *Think different* sur les « allumés » qui changent le monde, avec pour musique de fond la chanson *Crazy* de Seal.

Steve et son équipe marketing ont adoré cette dernière idée. L'agence est ainsi redevenue le partenaire officiel d'Apple pour ses actions de communication. La vidéo présentée ce jour-là a servi de point de départ pour la fameuse campagne *Think different* qui allait jouer un si grand rôle dans la résurrection d'Apple.

Et tout cela n'aurait jamais pu avoir lieu si Steve Jobs n'avait pas mis un terme à l'interminable procédure de sélection d'une nouvelle agence. Avec sa méthode, le projet était déjà bouclé et diffusé, à l'heure où l'équipe d'Amelio aurait encore été en train de recevoir des candidatures !

La Simplicité s'accorde au contexte. Même si Steve avait accepté le principe des procédures classiques d'appel d'offres (qu'il n'approuvait pas), jamais il n'y aurait consenti, compte tenu de l'urgence de la situation. Le Bon Sens lui dictait qu'il fallait accélérer la procédure de décision et s'en remettre au meilleur outil à sa disposition : un petit groupe d'esprits brillants.

Le délai idéal

Le délai accordé à un projet est généralement assez serré, et parfois impossible à respecter.

Contrairement à ce qu'on pourrait penser, la manière la plus sûre de ruiner un projet est de lui accorder un délai trop large, ce qui laisse le temps de repenser, réviser, douter, faire participer plus de monde, obtenir davantage d'opinions, faire évaluer, *etc.*

Le compositeur Leonard Bernstein résume parfaitement la situation :

> *Pour accomplir de grandes choses, il faut deux ingrédients : une idée et du temps en quantité insuffisante.*

Pour chaque activité, il y a un délai « parfait » qui permet d'obtenir les meilleurs résultats avec l'efficacité maximale. Dans mon travail pour les sociétés de haute technologie, j'ai calculé que ce délai était d'environ trois mois. C'est le temps qu'il nous fallait entre le premier briefing et la diffusion de nos publicités. Ces trois mois nous servaient à développer des idées, les partager avec le client, réagir à ses commentaires, puis passer à la production. Un délai plus court nous aurait obligés à sacrifier la qualité. Et avec un délai plus long, nous risquions de trop réfléchir. Cette durée était donc la bonne, avec des clients difficiles peu aptes à juger le génie créatif, comme avec des personnes dotées d'un bon flair, comme Steve Jobs.

La citation de Bernstein mentionne deux éléments essentiels pour atteindre l'excellence. Ils correspondent bien au mode de fonctionnement d'Apple, et j'ajouterai deux conseils :

1. **Visez haut avec réalisme.** Lors de la création de son premier iPod, Apple n'avait pas l'intention de lancer un appareil de poche capable de lire de la musique, des films, des podcasts et des photos. Il s'agissait juste d'un lecteur de musique. Les autres fonctions sont venues par la suite. En bref, évitez de vous fixer des objectifs trop ambitieux. S'il est important d'atteindre l'excellence, votre projet doit tenir ses délais et ses promesses. (Évidemment, ne vous fixez pas non plus un objectif trop modeste : le réalisme ne doit pas vous conduire à produire un truc insipide !)

2. **Maintenez un effort constant.** Le projet démarre dès le premier jour et doit accaparer ses participants dès le départ. Aucune pause n'est autorisée. Le rythme doit rester soutenu pour garantir que tous restent concentrés avec la bonne dose d'intensité. Le travail n'a pas à être facile, mais gratifiant, et il faut garder l'équipe en mouvement constant.

La société Apple a tellement grandi qu'elle cumule une multitude d'activités dans un impressionnant numéro de jonglage. Elle continue de progresser, sans jamais cesser de surprendre son public, toujours en quête d'innovation. Aussi fantastiques que soient ses inventions, il est rare qu'Apple se lance dans des projets irréalisables.

On peut attribuer ses exploits à un sens affiné de la planification, qui s'est perfectionné d'année en année.

La recherche du produit le plus parfait possible dès sa première version procure plusieurs avantages à Apple. Cela lui permet de créer un produit innovant qui va ouvrir une voie encore plus prometteuse. La première révolution moderne d'Apple fut l'iPod, dont la version initiale paraît, avec du recul, bien limitée. Mais l'iPod montrait clairement la voie vers d'autres types de médias bientôt accessibles partout.

L'iPhone est un autre bon exemple. La version 1.0 n'était pas compatible avec les applications, qui sont rapidement devenues la composante la plus révolutionnaire de cette plateforme. L'idée de départ était de prendre en charge uniquement les applications pour Safari.

Cette façon de procéder permet à Apple de recycler son avance dans un domaine. Elle initie le mouvement et, alors que ses concurrents s'activent à rattraper sa version 1.0, elle est déjà en train de préparer la version 2.0. Les fonctionnalités écartées du projet initial sont reprises comme point de départ de la version suivante. Ainsi, année après année, Apple conforte sa position de leader grâce à ses innovations constantes.

Cette avance lui procure aussi un avantage du point de vue marketing. Puisque c'est à ses concurrents que revient la tâche de prouver qu'ils proposent mieux, les publicités pour leurs appareils sont généralement chargées en données techniques. Ils se sentent obligés de signaler que leurs appareils proposent plus de mégapixels ou disposent de plus de ports USB. Pendant ce temps, Apple continue de faire connaître ses produits comme elle l'a toujours fait, en jouant sur les émotions, présentant les bénéfices plutôt que les caractéristiques. À moins d'avoir une véritable avancée technologique, Apple évite de communiquer sur des données techniques et s'adresse à ses clients sur un mode plus direct.

Tant qu'Apple conserve sa domination dans une catégorie, telle que les baladeurs numériques ou les tablettes, le temps joue pour elle. En effet, plus longtemps l'iPad, par exemple, s'impose dans votre vie, plus vous vous habituez à son écosystème d'applications et d'accessoires.

Il est difficile d'abandonner la Simplicité.

Penser différent ou penser de façon absurde

La meilleure façon de prouver le pouvoir de la Simplicité est de se livrer à une petite expérience sur le terrain avec la méthode scientifique suivante :

1. Sélectionnez deux entreprises du même secteur, l'une dévouée à la Simplicité, et l'autre plombée par la Complexité.
2. Confiez-leur le même projet.
3. Laissez faire et observez.

Sans le vouloir et sans m'en rendre compte sur le moment, j'ai déjà eu l'occasion de participer à une telle expérience. Dans deux agences, à deux époques différentes et pour le compte de deux clients différents, Apple et Dell, j'ai fait partie de deux équipes qui avaient la même mission. Nous devions réaliser une nouvelle campagne de promotion de la marque.

La marque, comme vous le savez, est l'actif le plus précieux d'une entreprise. Si votre marque est renommée, vous êtes en haut de la liste lorsque les consommateurs décident d'acheter. De plus, vos clients fidèles reviennent régulièrement et ont tendance à propager la bonne parole autour d'eux. Si votre marque est inconnue, vous devez vous battre au quotidien pour attirer des clients. Même si les gens s'intéressent à vos produits à un moment donné, ils n'hésiteront pas à vous lâcher s'ils trouvent une meilleure offre ailleurs.

L'intérêt principal d'une marque forte est qu'elle rapporte de l'argent. Quand les consommateurs font confiance à une marque et y trouvent un bon rapport qualité-prix, ils sont prêts à payer plus. Si vous avez une marque forte, comme Apple aujourd'hui, vous pouvez fixer les prix, et les gens feront la queue pour payer le prix fort. Dans ce cas, la marge bénéficiaire est élevée. Avec une marque médiocre, la seule façon d'attirer le client est de baisser les prix, ce qui entraîne une faible marge bénéficiaire.

Dans ces conditions, s'il est aussi critique d'établir une renommée et que les grandes entreprises aient les moyens d'investir, pourquoi certaines marques sont-elles appréciées et respectées, tandis que d'autres semblent s'y efforcer en vain ?

Des centaines de facteurs entrent en jeu, de toute évidence. Mais, pour qu'une société puisse avoir quelque espoir de réussir, elle doit suivre certains principes dans son organisation et sa philosophie. Libre à elle de suivre la ligne droite de la Simplicité ou le chemin sinueux de la Complexité.

Voici une comparaison des conditions dans lesquelles j'ai mené les deux projets de promotion chez Apple et chez Dell :

Apple s'est lancée dans une campagne de promotion de sa marque en 1997.
Dell s'est lancée dans une campagne de promotion de sa marque en 2008.

Apple voulait démarrer la campagne immédiatement.
Dell avait défini un calendrier de préparation étalé sur plusieurs mois.

La campagne d'**Apple** était dirigée par son P-DG.
La campagne de **Dell** était dirigée par un comité.

Apple avait confié le projet à un petit groupe de personnes intelligentes.
Dell avait confié le projet à un petit groupe de personnes incompatibles.

Apple savait exactement quelle marque elle était.
Dell avait besoin de cerner sa propre identité.

Steve Jobs s'est impliqué personnellement.
Michael Dell n'a supervisé le projet qu'à la fin.

L'équipe de la campagne d'**Apple** était soumise uniquement à l'approbation du P-DG.
L'équipe de la campagne de **Dell** était soumise à l'approbation de chaque division.

Au bout d'un mois, **Apple** avait conçu et réalisé sa campagne.
Au bout d'un mois, **Dell** en était encore à discuter des stratégies de la campagne.

Apple s'est retrouvée avec la campagne *Think different*.
Dell s'est retrouvée avec une pile de planches de présentations qui ont fini au fond d'un placard.

Il faut reconnaître que Dell faisait preuve d'une initiative audacieuse. Sa marque déclinait depuis plusieurs années et il était surprenant de voir la société s'embarquer dans une action qui n'offrait aucun retour sur investissement immédiat. C'était la toute première campagne de promotion de la marque Dell.

Malheureusement, la Complexité s'était déjà infiltrée dans la société depuis longtemps. Les deux principales divisions, Particuliers et Entreprises, étaient devenues des royaumes indépendants. Chacune avait son propre bilan, ses priorités et même son propre logo Dell. (L'un des objectifs du projet de revalorisation de la marque était de créer un logo commun, acceptable par les deux divisions.)

Dell a formé un comité pour gérer la mise en place de sa campagne de marque. Le terme « comité » est rarement associé aux efforts créatifs qui aboutissent avec succès, et ce projet l'a confirmé sans surprise. Les divisions Particuliers et Entreprises étaient toutes deux représentées dans le comité, mais par deux personnes qui se détestaient cordialement. (Leur rivalité avait auparavant atteint de tels sommets que la direction leur avait imposé un suivi psychologique.)

Alors que tous les participants au projet Apple étaient concentrés à 100 % pour renforcer le prestige de la marque, ceux du projet Dell se préoccupaient autant, voire plus, des intérêts particuliers de leur division. Aucune des parties n'était disposée à faire de compromis en faveur de l'autre. D'ailleurs, quelques semaines à peine après le début de la mission, pendant que nous discutions des orientations stratégiques, un membre du groupe a confié qu'il n'avait nulle intention d'accepter les recommandations du comité. Comme sa division tournait à plein régime, il ne voulait rien changer.

Vous vous doutez bien que ce genre d'attitude n'aurait pas eu cours chez Apple. Steve Jobs exposait sa vision, et tous les participants s'y accordaient. Si Michael Dell avait été présent le premier jour pour instruire les équipes de la bonne conduite à tenir, c'est-à-dire de renoncer aux rivalités pour établir une image de marque unifiée, les choses auraient pu se passer autrement.

Mais il n'y avait personne pour assurer l'unité des troupes. Cela n'a donc pas été une surprise, après plusieurs mois, de voir les réunions consacrées à la marque Dell s'espacer de plus en plus, jusqu'à disparaître.

Apple a suivi la bonne voie en confiant le projet à un petit groupe d'esprits intelligents dans un délai suffisamment court pour stimuler les neurones de façon constante. Avec la participation complète de Steve Jobs, nous prenions les décisions rapidement. La campagne a été réalisée en un temps record, selon mon expérience.

La Simplicité est une condition fondamentale lorsque vous tentez d'atteindre des objectifs ambitieux. Comme le prouve l'exemple de Dell, un groupe divisé et sans meneur ni délai serré va à l'encontre de la Simplicité.

Microsoft en quête de ses valeurs

Presque toutes les sociétés américaines ont une déclaration de mission. Comme les statuts d'une association, ce document décrit la société, ses activités et sa raison d'être. La plupart des agences publicitaires se fondent sur cette déclaration pour commencer à élaborer la campagne de promotion d'une marque.

Or, personne n'a jamais eu l'idée de demander à Steve Jobs sa déclaration de mission avant de créer la campagne *Think different*. Pour la bonne raison qu'il nous avait déjà briefés en toute sincérité et que l'esprit de la marque était bien connu, même dans l'état déplorable où se trouvait la société. Si quelqu'un avait osé lui demander un tel document, Steve aurait certainement perçu ce comportement comme typique des grosses entreprises, ce qui était susceptible de déclencher ses foudres.

Travailler avec Dell était bien différent. La société avait du mal à se décrire. Si elle avait pu exprimer clairement l'esprit de sa marque, nous aurions pu commencer à travailler tout de suite sur sa campagne de marque. Au contraire, nous avons dû passer les premières semaines de notre projet à définir l'image que Dell voulait donner d'elle-même, parce que son identité durant cette période ne fonctionnait pas très bien.

Microsoft aussi a vu son image flétrir au fil des ans. Comme Dell, la société a connu des débuts fulgurants, puis a fini par perdre son orientation. C'est toujours une énorme société très rentable, mais ses clients auraient du mal à définir l'image de Microsoft aujourd'hui. Autrefois société novatrice capable d'imposer ses normes, Microsoft est restée à la traîne quand les marchés des smartphones et des tablettes ont décollé. Cette triste situation se reflète dans le cours de ses actions, qui stagne depuis plus de dix ans.

Les efforts marketing de Microsoft laissent aussi à désirer depuis une décennie. De temps en temps, Microsoft parvient à sortir une bonne publicité, puis, sans prévenir, elle brouille son image avec des spots télévisés confus, comme ceux du duo légendaire formé par Bill Gates et le comédien et humoriste Jerry Seinfeld. Ces efforts de communication tombent à plat, personne ne comprenant le message.

Les problèmes de Microsoft avec le marketing ne sont pas survenus du jour au lendemain. La société y est confrontée depuis des années. Voici une anecdote relatée par un ancien responsable marketing de Microsoft à propos d'une période critique dans l'histoire de la société, lorsque de nouvelles couches de Complexité l'ont poussée à la dérive. Pour conserver son anonymat, nous l'appellerons Brian.

Lorsqu'il a rejoint la société, Brian adorait son travail. Ce qui lui plaisait le plus chez Microsoft, c'était qu'ils étaient très actifs. En effet, comme la société avait compris que son secteur évoluait très vite, elle ne gaspillait pas son temps dans des discussions interminables. Comme Apple, Microsoft comprenait l'intérêt qu'il y avait à rester en mouvement. Elle aussi était audacieuse. Sachant que Microsoft pouvait agir plus vite et avec plus d'habileté que ses concurrents, l'équipe dirigeante considérait cet avantage comme l'un de ses principaux atouts stratégiques.

Brian appréciait cet aspect du quotidien chez Microsoft par le contraste qui se dégageait par rapport à son expérience avec l'agence publicitaire de HP pour laquelle il avait travaillé auparavant. Il avait remarqué que, chez HP, les procédures avaient pris plus d'importance que l'avancement des projets. « Les seules questions étaient de savoir quand aurait lieu la prochaine réunion et quelle variété de muffins y serait servie avec le café. Il semblait qu'on se souciait plus de HP que de ce qui se passait dans l'univers de ses clients », raconte Brian.

C'est l'enquête du ministère de la Justice américain à propos du monopole de Microsoft qui a dévitalisé l'entreprise sur une période de deux ans à partir de 1999. De crainte d'être prise en faute par les enquêteurs, la société s'est ramollie dans ses efforts marketing, sans direction claire.

Après l'assignation en justice de Microsoft par la procureure générale Janet Reno, Bob Herbold, alors directeur des opérations, a convoqué une réunion pour calmer les esprits et mettre tout le monde au diapason.

Était présent tout le gratin du service communication de Microsoft, y compris le chef des relations publiques et le conseiller juridique principal de la société. À un moment, une responsable des programmes communautaires s'est levée pour exprimer sa pensée. Elle voyait Microsoft comme une formidable entreprise dont l'image était injustement salie par la presse. Selon elle, la société menait beaucoup d'actions positives, et le gouvernement refusait d'en tenir compte. La situation était frustrante pour tous ceux qui croyaient en la bonté de Microsoft et au bénéfice qu'elle apportait au monde.

Son discours s'est enflammé. « Ils nous soupçonnent d'un mauvais coup, a-t-elle dit. Ils ne voient pas nos bonnes intentions. Nous devons les aider à comprendre ce que sont nos valeurs. »

Elle a marqué une pause, laissant cette idée résonner dans la salle. Puis, le regard tourné vers l'équipe du service communication, elle a demandé : « Quelles sont nos valeurs ? Sont-elles écrites quelque part ? Quelqu'un les connaît-il ? »

Autrement dit, la solution pour Microsoft était de communiquer sur ses valeurs, mais même elle, cadre chez Microsoft, n'avait pas idée de ce que ces valeurs pouvaient être. Il n'y avait aucun document magique enfoui dans un ordinateur. Les valeurs de la société n'avaient jamais été codifiées.

À partir de là, Microsoft a mis dix-huit mois à s'étudier, cristalliser ses valeurs et formuler ses aspirations.

En conséquence des poursuites judiciaires ou à cause de son incapacité à maintenir le cap, quelle qu'en soit la raison, Microsoft a dégénéré. D'une société qui évoluait à la vitesse de la lumière, elle s'est transformée en une entreprise gigantesque, incapable de passer à l'action.

C'était une période pleine de frustration pour Brian et son équipe. La situation était mûre pour laisser entrer la Complexité, et c'est ce qui est arrivé.

Perdant soudain confiance dans son équipe marketing, Steve Ballmer s'est tourné vers l'extérieur pour développer une nouvelle campagne. Il s'est adressé à Mark Penn, spécialiste des sondages et stratège d'Hillary Clinton, pour mettre au point un positionnement destiné à contrer l'image négative de Microsoft, perçue de plus en plus comme un dangereux monopole. Avec mission de définir une image plus douce pour Microsoft, Penn a dirigé l'équipe marketing dans une direction tout à fait nouvelle : la marque Microsoft allait être associée aux enfants, aux chiots et aux petites entreprises.

Aussi fausse fut-elle, cette image suivait une certaine logique. Si Microsoft souhaitait être perçue comme une société plus amicale, moins agressive, Penn savait que les bambins et les chiots étaient des valeurs sûres. Mettre l'accent sur les petites entreprises devait logiquement neutraliser l'image de force obscure dominante qu'avait Microsoft.

Brian et ses collaborateurs étaient stupéfaits. À leur avis, il n'y avait aucun élément chez Microsoft pour étayer ce nouveau positionnement. Les petites entreprises, d'accord. Mais les chiots et les enfants, non. La seule action en rapport avec la jeunesse était le programme K12 de licences pour l'enseignement, qui ne représentait qu'une infime portion de son marché. Brian était chargé de formuler le message à l'adresse de tous les clients de Microsoft, et cette image mièvre lui semblait totalement déplacée. Quoi qu'il en soit, l'équipe marketing s'était vu adjoindre un nouveau membre, une personne de l'extérieur sans compétences en marketing, et les choses ne seraient plus jamais simples.

Brian était pris dans une spirale. Il s'est trouvé contraint de représenter des idées auxquelles il ne croyait pas, ce qui est une violation flagrante des principes de la Simplicité. Malgré lui, il a dû présenter la marque Microsoft, avec sa nouvelle image de chiots et de bambins, à une assemblée de lobbyistes de Washington convoqués à Redmond. Cette réunion rassemblait des grands noms des deux côtés de l'échiquier politique, du conservateur Ralph Reed de la coalition chrétienne au démocrate Victor Fazio. Devant la pression, Microsoft s'est vue obligée de devenir une société soucieuse d'équité sociale, veillant à n'offenser personne. Brian a été envoyé pour dire devant l'assemblée : « Voici nos nouvelles technologies ; voici pourquoi elles sont bonnes pour le pays ; voici comment nous communiquons nos idées à tous. »

Brian n'avait pas le moral à la sortie de cette réunion. Il a appelé son père pour lui confier qu'il avait l'impression de travailler pour l'industrie du tabac. Il n'était pas fier de lui ni de sa situation.

Il est toujours choquant d'apprendre qu'une entreprise aussi prospère et influente que Microsoft ou Dell puisse avoir du mal à définir son identité. Mais c'est le genre de confusion qui arrive quand les grandes entreprises s'agrandissent au point que leur personnel ne sait plus comment faire simple.

Chapitre 5
Penser en termes d'emblèmes

La campagne *Think different* se composait d'une série de photos de personnes qui avaient changé le monde en pensant différemment. De façon continue, notre agence a eu de nombreuses conversations mémorables avec Steve Jobs concernant les types de personnalités vivantes ou décédées que nous pourrions représenter : scientifiques, astronautes, chanteurs, metteurs en scène, musiciens, athlètes, *etc.* Après nous être mis d'accord sur une personnalité, nous examinions les photos disponibles en cherchant la plus emblématique, celle qui serait capable d'évoquer au mieux la vie et les accomplissements de cette personne.

Cette recherche a ravivé en moi un souvenir datant de quelques années auparavant, lorsque je travaillais avec Steve Jobs sur le marketing de NeXT. Quand il expliquait l'impact potentiel du système d'exploitation révolutionnaire de NeXT, il faisait souvent référence à des personnalités ou périodes emblématiques qui avaient marqué l'histoire, comme la révolution industrielle (pour faire un parallèle avec les nouvelles bases pour le développement logiciel qu'allait imposer la technologie NeXT), Shakespeare (dont l'intégralité des œuvres était incluse dans l'ordinateur NeXT), ou encore Henry Ford (quand il décrivait l'incroyable usine robotisée qu'il allait installer pour fabriquer ses nouveaux ordinateurs).

Ce rapprochement entre ses nouveaux débuts chez Apple et son passé chez NeXT m'a rappelé une scène vécue chez NeXT, que je saisissais mieux à cet instant avec du recul.

C'était pendant l'été 1993, au moins deux ans avant que Steve Jobs ne commençât à envisager son retour chez Apple. Arrivé en avance dans les locaux de NeXT, à Redwood City, pour une réunion de créatifs, j'eus la chance de m'entretenir en privé avec Steve dans son bureau avant la réunion.

À cette période, NeXT se démenait en permanence, ou du moins était *censée* se démener. En effet, c'était une start-up qui tentait de convaincre le monde des entreprises qu'elles avaient besoin d'un autre type d'ordinateurs. Apple, en revanche, n'avait aucune excuse pour son piteux état. Elle était restée à flot un certain temps après le départ de Jobs, mais les articles négatifs dans la presse devenaient de plus en plus fréquents.

Pendant que j'étais avec Steve, je repensais aux dernières mauvaises nouvelles que j'avais entendues à la radio une heure plus tôt. Les actions d'Apple venaient de chuter de 23 % après l'annonce d'un déficit trimestriel record. En plus de son déficit, la société annonçait un plan de restructuration qui allait provoquer quelque 2 500 licenciements. Ces nouvelles étaient désastreuses pour Apple, autrefois au sommet et désormais au bord du gouffre.

Sachant que Steve Jobs avait été évincé de la société qu'il avait mise sur pied et où il avait investi tous ses espoirs, j'imaginais qu'il éprouvait quelque rancœur à l'égard de ses nouveaux dirigeants et qu'il devait donc se réjouir de la défaite d'Apple. J'avais tort. Sans considération, je fis une remarque sarcastique à propos des malheurs d'Apple. Au lieu de l'amuser, mes paroles le désarmèrent. Il resta silencieux, le regard rivé au sol. Il était véritablement déprimé.

« Oui, c'est vraiment, vraiment triste » fut tout ce qu'il put répondre, presque en murmurant. Je compris qu'il n'avait aucune volonté de revanche. Au contraire, j'étais face à un père qui partageait la souffrance de son enfant. Qu'importe les divisions dans la famille, leurs liens perduraient. Steve n'aimait pas voir Apple décliner ainsi.

Je repensais à cette conversation alors que nous démarrions le projet *Think different* chez Apple. J'étais content, après avoir vu Steve Jobs assister impuissant aux déboires d'Apple, de le voir de retour à sa juste place. Cet homme que l'entreprise à la pomme avait autrefois jugé inutile était à présent son seul et dernier espoir.

La fascination de Jobs pour l'histoire et son goût des images emblématiques allaient jouer un grand rôle dans ce nouveau projet.

Les germes du renouveau d'Apple

Le retour de Steve Jobs chez Apple en 1997 a fait les gros titres de l'actualité, comme allaient le faire ensuite toutes les nouvelles le concernant. Après tout, il était lui-même une icône. Et son *come-back* était la nouvelle la plus savoureuse à son propos depuis bien longtemps. Tous les ingrédients étaient réunis : l'essor et le déclin d'une grande entreprise américaine, un accord portant sur des dizaines de millions de dollars, et des alliances et conspirations à venir.

À ce stade, Steve Jobs avait été absent d'Apple pendant onze ans, et il apparaissait clairement qu'il avait emporté avec lui l'esprit de l'entreprise. Sans Jobs pour guider et inspirer la société personnellement, elle manquait d'élan. Tous ses successeurs à la tête de la société avaient tenté de revigorer Apple, mais aucun n'avait réussi. On ne pouvait plus parler d'Apple comme d'une force créatrice.

Ma première collaboration avec Apple date de la période sans Steve Jobs, quand John Sculley en était le P-DG. Comme je l'ai déjà dit, après avoir évincé Jobs, Sculley n'a pas perdu de temps pour remplacer l'agence publicitaire de Steve par la sienne. Adieu Chiat et bienvenue à BBDO ! BBDO s'est empressée de débaucher de Chiat Steve Hayden, auteur de la mémorable publicité qui avait lancé le premier Macintosh, afin de le nommer directeur de la création. Et Hayden, Dieu le bénisse, m'a permis de réaliser mon rêve en devenant rédacteur publicitaire pour Apple. Mais c'était l'Apple de Sculley, pas celle de Jobs.

Après une réunion à Cupertino, l'un des membres de l'équipe marketing d'Apple m'a décrit ce qu'il pensait de la vie chez Apple avec son nouveau P-DG. « C'est comme si Sculley venait de s'installer dans une maison toute meublée. Tout va bien au début, et puis tout à coup tu te rends compte que les choses ont changé de place ou qu'elles ont disparu. Un jour, il y a de nouveaux rideaux qui ne vont pas avec la déco. Ou tu vois passer des déménageurs avec un canapé, et tu leur cries : "Hé, attendez, c'est mon canapé préféré !", mais ils n'écoutent pas. Assez vite, tu ne reconnais plus rien. C'est bien la même maison, mais tu ne te sens plus chez toi. Et tes amis ne veulent plus venir parce qu'il n'y a plus la même ambiance qu'auparavant. »

Maintenant Steve Jobs était de retour. Certains le voyaient comme le seul être humain à même de sauver Apple et de motiver les employés à remonter la pente. Mais cette opinion n'était pas partagée par tous. Au vu de ses performances passées chez Apple et chez NeXT, il était légitime de penser que même lui ne serait pas en mesure de remettre Apple sur les rails.

La tâche qui l'attendait était incommensurable. Il était revenu pour prendre les commandes d'une marque qui avait littéralement déclenché la révolution de l'informatique personnelle et était maintenant à deux doigts de tomber dans l'oubli. Même ceux qui autrefois vouaient un culte à Apple s'en étaient détournés. Il fallait donc remettre la société au premier plan, et convaincre le monde qu'elle n'avait pas perdu sa capacité à innover. Pour faire court, ranimer l'esprit qui avait engendré la révolution du Macintosh.

On peut se demander ce qu'il serait advenu d'Apple si la société avait choisi un autre P-DG pour résoudre ses problèmes. En général, quand une entreprise va aussi mal, la direction prend une position défensive en imposant les restrictions nécessaires pour limiter les pertes, le temps de trouver comment rétablir la rentabilité. Steve Jobs choisit une tout autre méthode.

Il voulait investir, non seulement pour rénover la gamme de produits d'Apple, mais aussi pour reconstruire son image. Steve était tellement motivé à sauver Apple qu'il n'a eu aucun mal à convaincre notre agence de le suivre, même si nous devions nous reposer davantage sur la foi que sur la réalité. Nous étions témoins privilégiés de son fameux champ de distorsion de la réalité.

Comme vous l'avez vu dans le chapitre précédent, c'est pendant notre première réunion, quand Lee Clow et Steve Jobs discutaient de l'éventualité d'un nouveau partenariat, que Steve a exposé les faits sur lesquels allait reposer notre première mission. Il n'a pas caché qu'Apple traversait une phase périlleuse, et était affaiblie par la négligence. Les directions précédentes n'avaient pas compris l'esprit d'Apple et n'avaient pas non plus la vision nécessaire pour la garder en bonne santé.

Steve Jobs était donc chargé de sauver Apple, mais il se sentait investi d'une mission plus grandiose encore. Il pensait qu'Apple occupait une place à part dans l'ordre des choses, surtout comparée à des sociétés comme IBM et HP. D'après lui, notre combat était de défendre non seulement Apple, mais aussi l'esprit de créativité et d'innovation. Si Apple venait à disparaître, il croyait que ces valeurs sacrées n'auraient plus personne pour les défendre dans le secteur informatique.

Le plus gros problème à ce moment-là était que les produits Apple n'avaient absolument rien d'exaltant. En l'absence de Steve, Apple s'était accrochée à l'espoir de séduire les entreprises. Les directions successives avaient refusé de fabriquer des ordinateurs qui risquaient de déplaire aux chefs d'entreprises qu'elles tentaient de courtiser.

En contraste total avec ses débuts, Apple se laissait aller à la médiocrité. Les ventes chutaient et il n'y avait pas le moindre article en préparation susceptible de changer la donne. La gamme actuelle de produits ne suscitait aucun désir, ni chez les particuliers, ni dans les entreprises.

Lors de son briefing, Steve Jobs nous a promis que les choses allaient changer de façon drastique. Il voulait nous convaincre que la société allait retrouver sa grandeur en fabriquant d'excellents produits. Cela ne faisait aucun doute. Ses équipes de conception étaient déjà au travail. Notre mission, en tant qu'agence publicitaire, était de projeter une image positive à l'extérieur et de raviver l'esprit Apple.

Il y aurait un délai d'au moins six mois avant de voir sortir d'usine le premier produit de cette nouvelle ère Steve Jobs. En attendant, il voulait lancer une campagne qui pose les bases du retour d'Apple et prépare le terrain pour l'arrivée de ses produits innovants.

Apple ciblait trois catégories de personnes. Tout d'abord, celles qui connaissaient Apple du temps de sa splendeur mais dont l'opinion qu'elles se faisaient de la marque déclinait parallèlement à son succès. Ensuite, la nouvelle génération de consommateurs, qui étaient assez jeunes pour n'avoir connu Apple que dans son état anémique.

Enfin, et tout aussi importants, les employés d'Apple. Ils avaient grand besoin d'un peu d'élan après des années de mauvaise presse, une succession de P-DG inefficaces et l'absence d'innovations. Malgré tout, ce que Steve avait trouvé à son retour le rendait optimiste. Malgré les années difficiles, nombre d'employés talentueux étaient restés chez Apple parce qu'ils croyaient en cette entreprise et attendaient juste l'occasion d'aider à lui redonner sa grandeur. Jobs pensait qu'une bonne campagne de promotion de la marque servirait à ranimer l'esprit Apple au sein de l'entreprise.

Sachant que de super produits s'apprêtaient à arriver, nous devions mettre au point une campagne de marque pour préparer le public à la nouvelle vague d'innovations d'Apple. Nous allions faire connaître les valeurs d'Apple et laisser ensuite les produits devenir la manifestation matérielle de la marque à la pomme.

Nous étions encore loin du slogan *Think different* à ce stade. Nous commencions tout juste à cogiter…

Think different : naissance d'une campagne emblématique

Comme je l'ai déjà dit, le tandem Steve Jobs-Lee Clow constitue l'un des partenariats client-agence les plus fameux de tous les temps. Ensemble, ils ont réalisé des publicités qui comptent parmi les plus connues et les plus admirées. À les voir ensemble, on devinait qu'ils éprouvaient une forte admiration réciproque (et pour de bonnes raisons).

Le travail de l'agence Chiat pour le lancement du Macintosh en 1984 aura autant marqué l'histoire que l'arrivée de cet ordinateur. Apple avait frappé les esprits avec sa technologie novatrice, tandis que le spot de Chiat avait renforcé son image d'agence exemplaire par sa créativité.

Tous les éléments étaient en place pour fournir à Steve Jobs la campagne de marque qu'il espérait. Il avait maintenant à sa disposition une prestigieuse agence qui partageait sa passion, les compétences de Lee Clow et une équipe dynamique et motivée.

Alors que certaines agences considèrent une campagne de marque comme l'occasion d'inventer une nouvelle personnalité pour leur client, notre tâche avec Apple était de simplement mettre en lumière un esprit déjà existant au moyen de publicités véridiques. Puisque ce projet devait définir Apple avec authenticité, nous savions que l'idée centrale ne pouvait pas être complexe. Elle devait être directe, claire et simple.

Steve Jobs nous avait déjà fourni toutes les informations nécessaires. Apple avait toujours été « différente », mais ce qui l'animait n'avait jamais changé. Les mêmes valeurs qui avaient donné naissance au Macintosh en 1984 allaient conduire Apple à créer de merveilleux produits en 1998 et ultérieurement. Apple n'était pas une marque pour tout le monde ; elle s'adressait à ceux qui valorisaient l'originalité.

Parmi les idées fournies par notre équipe chez Chiat, deux mots ont retenu notre attention : « Think different ». Tous les rédacteurs présents dans la salle auraient bien voulu s'approprier la paternité du slogan, mais elle revient en réalité au directeur artistique Craig Tanimoto. En deux mots, il avait réussi à décrire l'esprit d'Apple. Ces deux mots allaient non seulement toucher une corde sensible chez les clients d'Apple, mais aussi servir de cri de ralliement pour ses employés.

Dans la mesure où une grande entreprise est fondée sur des valeurs immuables, le slogan parfait est un slogan qu'on peut lui associer à tout moment de son histoire. C'est d'ailleurs ce que j'aime le plus dans « Think different ». J'imagine très bien ce slogan sur les murs du garage où Jobs et Wozniak ont créé leur premier ordinateur, comme je l'imagine inspirer la société aujourd'hui encore.

Ces mots gagnent en puissance si on les combine aux photos de personnalités dont l'imagination a vraiment changé le monde, comme Albert Einstein. Ce slogan semble à la fois décrire sa vie et l'honorer. Cette combinaison de mots et d'images a fourni à Apple une manière efficace de relancer sa marque.

Les personnalités que vous admirez en disent beaucoup sur vous : telle allait être la philosophie de notre campagne. En honorant la vie de ceux qui ont inspiré Apple, la société allait faire savoir qui elle était, en seulement deux mots : « Think different ». Nous n'allions pas produire toute une série de spots mais composer des affiches qui rendraient hommage aux héros d'Apple.

Nous avons choisi des figures emblématiques, à la pensée non conformiste, et issues de différents domaines, tels que les sciences, les affaires, le sport et les arts. Nous avons décidé de présenter des personnalités aussi diverses qu'Albert Einstein, Jim Henson, Alfred Hitchcock, le dalaï-lama, Bob Dylan et Martin Luther King.

Les affiches *Think different* étaient un rappel éloquent qu'une seule image emblématique peut se révéler la forme de communication la plus efficace. Chaque affiche de la campagne se composait d'un portrait en noir et blanc remplissant tout l'espace, avec rien d'autre que le logo Apple et le slogan « Think different » discrètement placé dans un coin. De même, le spot télévisé qui a lancé la campagne se composait de séquences en noir et blanc qui illustraient l'esprit de chaque personnalité. Le fond sonore de ces images était un texte lu par le comédien américain Richard Dreyfuss, qui faisait l'éloge des allumés qui ont osé voir les choses différemment.

La campagne *Think different* était d'une simplicité extrême. Partout où apparaissaient ces images en noir et blanc, dans les magazines comme dans la rue, on les remarquait tout de suite.

Je vous ai déjà dit à quel point il est important que le décideur final s'intéresse à l'avancement du projet. Or, Steve Jobs s'est impliqué comme nul autre P-DG dans la réalisation de la publicité *Think different*.

La veille du jour où Steve Jobs avait prévu de dévoiler sa campagne à 9 heures devant son équipe de marketing international à Cupertino, nous étions encore en train de travailler sur le montage final du spot à Los Angeles. Ainsi, à 500 kilomètres de nous, Steve était chez lui, à revoir chaque version que nous avions réalisée en attendant que le montage fût terminé, à 3 heures du matin. Sachant qu'à l'époque il fallait pratiquement livrer ce genre de chose par diligence, nous avions tout juste le temps de faire parvenir la version finale à Steve avant sa présentation. En outre, quelques jours plus tard, ABC-TV devait diffuser le spot en accompagnement de la première diffusion télévisée de *Toy Story* dans l'émission *Le Monde merveilleux de Disney*.

Nous avons dû tenir Steve Jobs éveillé aussi tard parce que le choix du narrateur ne s'est finalisé qu'à la dernière minute. Les jours précédents, nous avions enregistré plusieurs voix dans un studio de Los Angeles, avec Richard Dreyfuss, Peter Gallagher, Sally Kellerman et même l'actrice Phyllis Diller. Mais l'agence avait une préférence pour une voix que j'avais enregistrée dans l'auditorium d'Apple, celle de Steve Jobs. Nous y reviendrons plus tard. Après moult discussions, nous avons finalement choisi Richard Dreyfuss. Il a prêté sa voix au texte *The Crazy Ones* et, plus tard, à d'autres publicités pour Mac.

Après sa courte nuit de sommeil, ce fut un Steve Jobs nettement fatigué qui arriva à sa réunion matinale. Heureusement, un Steve Jobs éreinté était plus captivant à écouter que de nombreux P-DG bien reposés ! Sa prestation ce jour-là est considérée par beaucoup comme une présentation parfaite sur le pouvoir des marques. Alors que le marketing passe généralement pour une discipline opaque et floue, pleine de subjectivité et de théories, Steve l'a rendu très clair. Voici ses propos :

> *Pour moi, le marketing porte sur des valeurs. Nous évoluons dans un monde complexe et agité, dans lequel il est difficile*

de marquer l'esprit du public. Et ça vaut aussi pour concurrents. C'est pourquoi nous devons définir clairement ce que nous voulons que le public sache à notre propos.

Par bonheur, Apple fait partie des cinq meilleures marques du monde, aux côtés de Nike, Disney, Coca-Cola et Sony. Nous sommes la crème de la crème. Pas seulement dans ce pays, mais partout sur la planète. Même une marque prestigieuse a besoin d'investissements et de soins si elle veut conserver sa position et sa vitalité. Or, la marque Apple a clairement souffert de négligence dans ce domaine ces dernières années. Nous devons la remettre sur le devant de la scène. Pour y parvenir il ne s'agit pas de parler de cadence et de transfert. Il ne s'agit pas non plus de parler de MIPS (N.D.T. : unité de mesure des processeurs) et de mégahertz, ni de dire pourquoi nous sommes meilleurs que Windows. L'industrie laitière a tenté pendant vingt ans de nous convaincre que le lait était bon pour nous, bien que ce soit un mensonge. [Rires du public.] Comme les ventes baissaient, ils ont lancé la campagne Got milk ?, et elles sont reparties à la hausse. Got milk ? ne parle même pas du prix ; d'ailleurs, l'accent est mis sur l'absence de prix.

Le meilleur exemple, et les plus grands accomplissements jamais vus en marketing, c'est Nike. Rappelez-vous, Nike vend un produit de consommation courante : des chaussures. Et pourtant, quand vous pensez à Nike, ce nom évoque autre chose qu'un fabricant de chaussures. Dans leurs publicités, comme vous le savez, il n'est jamais question de prix. Ils ne vous parlent pas de leurs semelles avec coussins d'air ni de pourquoi leurs chaussures sont meilleures que celles de Reebok. Alors, que fait Nike dans ses publicités ? Rendre hommage à de grands athlètes et au sport de haut niveau. Voilà qui est et ce que fait Nike.

Apple dépense une fortune en publicité. On ne dirait pas, pourtant… Donc, quand je suis arrivé ici, Apple venait juste de renvoyer son agence publicitaire et voulait en sélectionner une nouvelle parmi vingt-trois en compétition, ce qui aurait pu prendre quatre ans, comme vous le savez. J'ai mis fin à ce cirque et ai embauché Chiat\Day, l'agence avec laquelle j'ai eu la chance de collaborer il y a des années et qui a reçu plusieurs prix pour son travail, notamment pour le spot 1984, reconnu par la profession comme le meilleur de tous les temps.

Nous avons donc recommencé à travailler avec cette agence, et nous sommes arrivés à cette réflexion : nos clients veulent savoir qui est Apple, ce qui compte pour nous et quel est notre rôle dans la société. Notre rôle n'est pas de fabriquer des boîtes que les gens utilisent pour travailler, bien que nous le fassions très bien. Nous sommes même les meilleurs dans certains cas. Apple a une autre vocation. La valeur essentielle qui nous anime est la conviction que les personnes mues par une passion peuvent changer le monde pour l'améliorer. Voilà en quoi nous croyons… Et ceux qui sont assez fous pour penser pouvoir changer le monde sont ceux qui y parviennent.

Ainsi, ce que nous allons faire dans notre première campagne de marque depuis des années, c'est revenir à cette valeur essentielle. Les changements ont été nombreux. Le marché n'est plus le même qu'il y a dix ans. Apple n'est plus la même non plus, et sa position est totalement différente… Mais les valeurs, les valeurs essentielles, sont censées être immuables. Les choses en lesquelles Apple croit au plus profond d'elle-même sont celles qu'Apple défend aujourd'hui.

Nous voulions donc trouver moyen de communiquer cela. Et la campagne que nous avons conçue m'a beaucoup tou-

ché. Elle rend hommage aux personnes qui ont changé le monde. Certaines sont encore en vie, d'autres ne le sont plus. Et celles qui ne sont plus, si elles avaient pu utiliser un ordinateur, vous savez bien qu'elles auraient choisi un modèle de chez Apple ! Le thème de la campagne est Think different, en hommage aux personnes qui pensent différemment et font avancer le monde. Voilà qui nous sommes et ce qui nous fait bouger… J'espère que vous partagez mon sentiment.

Voir toujours plus loin

Une société menacée de disparaître fait normalement tout ce qu'il faut pour rester en vie, tout sauf augmenter les dépenses en marketing, évidemment.

Après tout, c'est le manque de fonds qui risque de faire capoter l'entreprise. Puisque les plans marketing n'offrent généralement aucune garantie de retour sur investissement, ils exigent énormément de confiance, et cette confiance est difficile à obtenir de la part de la direction en temps de crise.

Il faut donc beaucoup d'audace pour dépenser une bonne partie de ce qui reste dans un projet aussi intangible qu'une nouvelle campagne de marque. Et c'est pourtant ce qu'a fait Steve Jobs. D'une certaine manière, les problèmes d'Apple semblaient lui donner des ailes. Il a dit clairement qu'Apple ne pouvait pas rester prostrée à un moment pareil, c'était alors sa dernière chance d'aller sur le terrain pour poser ses jalons. La société devait investir dans sa marque.

Investir est donc ce qu'il a fait.

Comme il l'avait fait remarquer en présentant le projet *Think different* à son équipe marketing, « Apple dépense une fortune en publicité. On ne dirait pas, pourtant… ». Ses propos signifiaient qu'Apple avait gaspillé un gros budget publicité. La société tentait de promouvoir tellement de produits avec ce budget qu'elle émettait au final une centaine de petits messages au lieu d'en émettre un seul avec force.

L'année suivante, j'étais émerveillé des effets de la Simplicité. Au lieu de faire la promotion de plusieurs produits, Steve insistait pour mettre l'accent sur un seul produit chaque trimestre. Celui-ci était mis en avant sur la page d'accueil du site apple.com et presque toutes les publicités portaient sur ce produit. L'effet a été impressionnant. En communiquant moins de choses à des emplacements plus importants, Apple semblait attirer davantage l'attention que des sociétés comme IBM, qui avaient pourtant des budgets marketing largement supérieurs.

La campagne *Think different* a été la première grosse dépense marketing de Steve Jobs durant son nouveau règne chez Apple. La responsable communication de Chiat, Monica Karo, a gagné son respect en créant un plan de communication aussi simple et convaincant quc lcs images de la campagne. Le coût était élevé, mais il savait que c'était mérité. Il a su identifier le pouvoir de ces images emblématiques pour retenir l'attention du public.

Monica Karo a pris soin de faire apparaître les publicités *Think different* uniquement dans les lieux où elles pouvaient recevoir le plus d'attention et jamais dans des endroits susceptibles de dégrader le message. Les portraits des héros non conformistes ne sont jamais parus dans les pages internes des magazines, mais seulement sur leur quatrième de couverture. Ainsi, rien ne venait diminuer leur éclat. Il était courant de les voir orner les tables de salon à la maison comme au bureau. Mais c'est dans la rue que ces publicités avaient le plus de prestance. La campagne a beaucoup misé sur les panneaux publicitaires, mais seulement dans les emplacements les plus prisés. Apple réservait les emplacements les plus visibles dans tout le pays à mesure qu'ils se libéraient, aux abords des aéroports et des grandes villes. En pleine ville, les images d'Apple apparaissaient sur les abribus avec un rétro-éclairage qui les faisait bien ressortir la nuit. Plus frappant encore, les images *Think different* ont été peintes sur le flanc de larges immeubles. À New York, on pouvait voir la photo légendaire de John Lennon et Yoko Ono au lit surplomber les passants. Seulement John, Yoko et ces simples mots, « Think different ».

Steve a approuvé toute cette campagne avec délectation sans, bien sûr, procéder au moindre test des publicités auprès d'un panel. Il savait au fond de lui que ces affiches auraient des résonances dans son public. Sans perdre une minute puisque Apple devait se reconstruire, Steve n'a pas pris la peine d'évaluer le danger avant de se lancer. Il n'aurait jamais laissé une réunion de consommateurs dicter le message qu'Apple allait diffuser au monde entier.

L'avantage déloyal de la Simplicité

Même quand tout va pour le mieux, il y a une bonne raison pour laquelle la plupart des sociétés hésitent à lancer une campagne uniquement destinée à promouvoir la marque. Ses retombées se font davantage ressentir à long terme qu'à court terme. Alors, en temps difficiles, les chefs d'entreprises choisissent la rentabilité immédiate sans hésitation.

Vendre une campagne de marque à un client s'apparente souvent à vanter les intérêts d'un plan de retraite à un jeune de 20 ans. Les bénéfices sont trop éloignés dans le futur. Les entreprises veulent faire de l'argent tout de suite.

Parfois, certaines agences pleines d'assurance disent à leur client qu'elles ont les compétences pour répondre simultanément à leurs besoins à long terme et à court terme, c'est-à-dire vendre beaucoup de produits tout en renforçant l'image de la marque. C'est une manœuvre astucieuse si vous en êtes capable, mais peu y parviennent.

En restant fidèle à ses valeurs, Apple a accompli un exploit, et conquis le Graal des publicitaires. Elle a mis au point une gamme de produits qui est la personnification de sa marque. Tous les jours, Apple vend énormément de produits, et chaque vente renforce la marque Apple, donnant aux clients davantage de raisons de croire qu'Apple est la société qui s'intéresse le plus au design, aux technologies de pointe et à la Simplicité.

Au tout début, lorsque Steve Jobs a briefé l'équipe de l'agence, nous savions que la campagne de marque serait le début d'une transformation. Nous savions que l'esprit *Think different* allait se concrétiser dans les produits révolutionnaires à venir et que le premier serait un ordinateur familial.

À ce stade, nous ne savions pas du tout à quoi ressemblerait l'iMac. Nous avancions dans le projet avec la conviction que cet ordinateur serait spécial. Parfois, tous les éléments se conjuguent pour le meilleur. Nous avons passé les six premiers mois de notre partenariat avec Apple à faire connaître la marque avec les mots « Think different ». Puis, quand est venu le temps de lancer le premier ordinateur supervisé par Steve Jobs, il correspondait au slogan à merveille.

Comme emblème du renouveau d'Apple, l'iMac était parfait. Son apparence offrait un contraste sensationnel avec tous les ordinateurs précédents. Dans un univers d'ordinateurs carrés et beiges, l'iMac avait une coque translucide bleue, intégrant ainsi ses composants internes à son design. Franchement, avec juste une photo de l'iMac sous le titre « Think different », tout était dit. Dans les annales de l'histoire de l'électronique, je ne crois pas qu'on ait connu de promotion de marque suivie d'une sortie de produit aussi efficace et pertinente que la campagne *Think different* associée à l'iMac.

À l'instar des publicités *Think different*, celles de l'iMac présentaient un visuel très simple. L'image de cet ordinateur, radicalement différent de tous les PC, était tout ce qu'il fallait pour captiver le public. L'iMac lui-même est devenu une personnalisation de l'esprit *Think different*, prouvant une fois de plus le pouvoir d'une image emblématique. Nous avons quand même ajouté une petite description du produit dans les publicités, mais réduite au minimum.

Bien sûr, l'iMac n'était qu'une première étape.

Une nouvelle série de produits a suivi, chaque lancement renforçant le mode de pensée différent d'Apple. Environ un an après l'iMac, l'iBook est apparu, bien que démodé selon nos critères actuels, apportant avec lui la magie de l'iMac dans la catégorie des portables. C'était le premier ordinateur grand public avec la Wi-Fi intégrée. Nous avions Steve Jobs, sur scène, accédant à Internet *sans fil* ! Pour beaucoup, c'était comme voir une ampoule électrique pour la première fois. Puis est venue la configuration radicalement nouvelle de la tour Mac Pro et le PowerBook noir au design superbe.

« Think different » est rapidement passé d'un slogan qui expliquait la philosophie de la société à des mots qui décrivaient parfaitement chaque nouveau produit Tous les produits Apple étaient diablement innovants, et toutes les publicités reposaient sur un seul visuel percutant. La photographie avait toute son importance, les images magnifiques étant intelligemment complétées par des titres dans l'esprit Apple. Il s'agissait de publicités classiques pour des produits, mais compte tenu de l'image de marque qu'Apple a choisi de créer, elles faisaient également la promotion de la marque.

Nous avons arrêté les publicités avec les héros *Think different* quand les nouveaux produits d'Apple sont arrivés en masse. Apple n'avait pas besoin de répartir son budget marketing entre une campagne de marque et une campagne pour ses produits. Il n'y avait qu'une campagne à la fois. Et chaque produit Apple vendu contribuait à renforcer l'image de la marque.

De toutes les manières dont Apple a exploité le pouvoir de la Simplicité, je crois que cela a été la plus brillante démonstration de ce dernier.

Apple a fait sa promotion à l'aide d'images emblématiques et d'un slogan de deux mots qui décrivaient parfaitement l'esprit de la société. Après cet investissement, Apple n'a plus jamais eu besoin d'investir à nouveau dans la promotion de sa marque. Chaque produit y contribuait à lui seul.

Un seul bouton : le symbole officiel de la Simplicité

Sans conteste, un est le chiffre le plus simple jamais inventé. Un est tellement simple qu'un enfant peut le comprendre. Plus on s'en éloigne, plus les choses se compliquent.

C'est pour cette raison que Steve Jobs a insisté pour avoir un seul bouton sur l'iPhone, rejetant plusieurs modèles avant d'arriver à la version finale. Vous n'avez pas besoin d'utiliser un iPhone pour comprendre qu'il est simple d'emploi. Cet indice visuel, la présence d'un seul bouton, est très révélateur. On pourrait même dire que l'unique bouton est devenu un emblème de la dévotion d'Apple pour la Simplicité.

Souvenez-vous, avant l'arrivée de l'iPhone, tous les mobiles, et surtout les smartphones, étaient pleins de boutons. Avec l'usage, on finissait par repérer l'emplacement des boutons et comprendre leur fonction, mais ce n'était pas évident.

Avec la Simplicité, c'est plus évident.

Avec l'iPhone, Apple s'est attaquée de front à l'abondance de boutons. Il y avait une raison psychologique dans cette démarche. Après l'usage pendant des années de mobiles bardés de boutons, l'iPhone était symbole de Simplicité. Cela faisait du bien de le tenir en main, avec le pouce au-dessus de son unique bouton. Il était réconfortant de savoir qu'on pouvait à tout moment revenir à l'écran d'accueil d'une simple pression sur ce bouton.

Mais il y a trois fonctions fréquentes d'emploi sur un iPhone : Internet, téléphonie et musique. Trois est un petit nombre aussi. Au moment de la conception de l'iPhone, pourquoi n'ont-ils pas mis trois jolis boutons au bas de l'appareil au lieu d'un seul ? Ces trois boutons auraient facilité l'accès aux fonctions principales, et cette solution restait une amélioration par rapport aux anciens smartphones.

J'ai une bonne réponse à cette question : trois est supérieur à un.

Avec trois boutons, l'iPhone aurait été presque parfait. Mais Steve Jobs ne s'encombrait pas de « presque ». Ce refus des compromissions révèle la pureté de sa dévotion à la Simplicité. Le résultat, une révolution sur le marché des smartphones, prouve la justesse de sa philosophie.

En matière de design, Apple évalue soigneusement les messages que véhiculera chaque produit, même s'ils s'adressent principalement au subconscient. Apple étudie tous les aspects du design d'un produit : son apparence, les sensations à l'usage et les sentiments qu'il procure à son utilisateur. L'un des objectifs est de vous séduire avant même que vous ne le touchiez. La présence d'un seul bouton est un excellent argument dans ce sens.

Avant la conception de l'iPhone, Steve Jobs avait déjà imposé ce genre de Simplicité. Un ancien directeur du marketing produits chez Apple, Mike Evangelist, raconte une anecdote relative à l'une de ses premières réunions avec Steve Jobs, qui eut lieu en 2000 dans la salle du conseil d'Apple.

L'équipe de Mike avait été chargée de trouver une solution simple pour convertir une vidéo amateur en un DVD, ce qui allait devenir l'application iDVD (intégrée à la suite iLife). Mike et son collègue s'étaient donné du mal pour imaginer une interface suffisamment conviviale au goût de Steve. Pour rendre compte de leur projet, ils avaient préparé plusieurs prototypes d'écrans et un exposé verbal.

Mike fut stupéfait quand Steve Jobs entra dans la salle, ignora leurs travaux et se dirigea droit sur le tableau blanc.

« Voici la nouvelle application, dit-il. Elle a une fenêtre. Vous faites glisser votre vidéo dans la fenêtre. Puis vous cliquez sur le bouton intitulé “Graver”. C'est tout. Voilà ce qu'il faut faire. »

Mike raconte qu'il en est resté abasourdi. De toute sa vie, il n'a jamais vu la conception d'un logiciel se dérouler ainsi.

De toute évidence, si c'était possible, tous les produits Apple n'auraient qu'un seul bouton. Maintenant qu'existe Siri, l'assistant intelligent à commandes vocales, il n'est pas impensable de voir les produits Apple avec zéro bouton. Après tout, zéro est le seul chiffre plus simple que un !

Donner vie aux emblèmes

Pour de nombreux publicitaires, clients et étudiants en communication, Apple est la référence ultime en matière de marketing. Cela s'explique par le fait qu'Apple met rigoureusement en application les principes de la Simplicité chaque fois qu'elle s'adresse à sa clientèle.

Les publicités pour ses produits se limitent généralement à montrer une utilisation de l'appareil. On peut voir, par exemple, une main tenant un iPhone ou un iPad et un doigt faisant défiler différentes applications.

La société a sa recette, mais celle-ci ne consiste pas uniquement à montrer le produit. Ce qui lui a réussi aux moments-clés de son histoire, c'est de créer une image qui devient emblématique d'un produit ou d'une ligne de produits. Cette image modifie notre vision de la technologie en l'imprégnant d'une personnalité qui la rend difficile à oublier.

Les publicités pour l'iPod sont un bon exemple de cette démarche. Décidant de ne pas montrer le produit du tout, Apple a créé des images emblématiques qui se sont révélées infiniment plus efficaces. Notons toutefois un petit égarement, regrettable, de la part d'Apple dans sa promotion de l'iPod.

Le tout premier spot pour l'iPod montrait un jeune homme dans son appartement, écoutant de la musique sur son iMac. Il branche son iPod, transfère une chanson de l'iMac vers l'iPod, met ses écouteurs iPod et sort de chez lui en continuant de gigoter sur le son de sa musique. C'était navrant à regarder, et les internautes ont assez vite commencé à en parler comme d'un spot « iPlouc » (*iClod* en anglais). L'un des problèmes de cette publicité est qu'elle tentait d'ajouter un peu d'humour à sa présentation du produit. L'humour n'est pas une mauvaise chose en publicité, mais dans ce cas ce n'était pas très drôle. Le jeune gars de la pub s'efforçait d'avoir l'air décontracté mais s'y prenait très mal.

Un autre problème de ce spot est qu'on y voit une vraie personne, avec son visage. Jusqu'alors, Steve Jobs avait plutôt évité l'emploi de personnes dans ses publicités parce qu'un acteur qui paraît sympathique à certains risque d'être rebutant pour d'autres. Il est très difficile de trouver une personne dotée d'un attrait universel (comme l'iPlouc l'a prouvé).

Prenons le temps de revenir sur un sujet mentionné précédemment : le fait qu'Apple ne fait jamais tester ses publicités, contrairement aux grandes entreprises comme IBM qui les teste toutes. Si Apple avait soumis ce spot à un test, elle aurait découvert qu'il ne produisait pas l'effet escompté. Auquel cas, la société aurait sans doute abandonné ce projet et produit autre chose. Mais si l'on songe aux centaines de publicités produites par Apple durant toutes ces années et aux millions de dollars que les tests auraient coûté, on doit reconnaître qu'elle a raison de procéder ainsi. Apple laisse Chiat faire de son mieux. Si l'agence rate son coup à l'occasion, ce n'est pas la fin du monde. Les gens ne vont pas jeter leur équipement Apple pour autant. Même si le spot n'est pas aussi bon que les précédents, la vie continue, et Apple tâchera de faire mieux la fois suivante. Dans le cas de l'iPod, la deuxième tentative fut mille fois plus réussie.

La campagne diffusée pendant des années après le premier spot iPod s'est affranchie des deux problèmes qui le minaient.

Elle a une accroche vraiment captivante et n'essaye pas de nous impressionner avec l'attitude décontractée d'une personne en particulier.

Cette campagne repose sur la recette préférée d'Apple : une image emblématique qu'on associe immédiatement à Apple et à l'iPod. Mais en même temps, elle rompt avec certaines habitudes d'Apple et ne ressemble en rien à ce qui a été fait auparavant. Susan Alisangan, directrice artistique chez Chiat, a trouvé l'idée des silhouettes qu'on voit dans toutes les publicités iPod. Ce fut l'une des plus belles réussites de sa carrière et elle mérite toutes les louanges qu'elle a reçues pour cette trouvaille. À l'instar du premier spot raté, la nouvelle campagne montre des gens en train de danser, mais cette fois les images sont stylisées de façon à ne montrer que des silhouettes dansantes découpées sur un fond de couleur vive. Sans aucune photo du produit, on ne voit que la silhouette blanche de l'iPod et ses fameux écouteurs blancs.

Cette idée a été adoptée pour toutes les publicités de l'iPod, à la télévision comme sur les panneaux publicitaires, support préféré d'Apple. Pendant des années, on a vu les panneaux en ville et les abribus arborer les affiches des silhouettes iPod, qui grâce à leurs couleurs vives ressortaient magnifiquement, visibles de très loin, surtout la nuit avec un rétro-éclairage. Le design emblématique de ces publicités est immédiatement reconnu par toute personne exposée à cette campagne, c'est-à-dire presque tout le monde sur terre.

Compte tenu du design élégant de l'iPod, c'était une démarche radicale pour Apple de ne pas du tout montrer le produit, surtout que la plupart de ses autres publicités ne faisaient rien d'autre que de montrer les produits. Au lieu de vous demander d'acheter le produit, Apple vous demandait d'acquérir l'émotion dégagée. Puisque l'iPod est associé à la musique et à la joie, chaque publicité véhicule l'idée qu'une personne adore son iPod, sans avoir besoin de la montrer. Ces publicités sont incroyablement humaines, sans pourtant montrer le moindre visage.

Encore une victoire de la Simplicité !

Ce n'est rien de dire que cette campagne a bien fonctionné. L'iPod est l'une des plus extraordinaires réussites dans l'histoire d'Apple et dans l'histoire de l'électronique grand public. Couplé avec iTunes, source de musique (puis de films, jeux, podcasts, radios, *etc.*), l'iPod représente plus de 70 % du marché mondial des baladeurs numériques, plus de dix ans après son lancement.

L'iPod n'a jamais connu de réelle concurrence. Il y a bien eu quelques tentatives rivales, comme Zune de Microsoft, mais aucune n'a réussi à entamer l'énorme part de marché de l'iPod. C'est seulement lorsque la fonction de l'iPod a été reprise par l'iPhone et l'iPad que les ventes ont commencé à baisser. On doit cette situation au fait que l'iPod est presque une marque à lui seul, représenté par les images les plus emblématiques jamais créées par Apple.

Cela dit, cette campagne donne un aperçu de la personnalité de Steve Jobs en montrant que c'était un humain comme les autres, lui aussi parfois sujet à l'erreur.

Il jugeait sévèrement nos publicités. L'un de ses commentaires favoris après l'examen d'un projet était : « Vous pouvez faire mieux. » Après beaucoup d'efforts, il se pouvait que nous revenions finalement à la première idée, avec l'accord enthousiaste de Steve. Ces épreuves étaient nécessaires dans la poursuite de l'excellence.

La première fois que l'agence a présenté la campagne des silhouettes à Steve Jobs, il n'a pas aimé. Il est facile de comprendre pourquoi. Elle ne ressemblait en rien aux publicités qu'il avait approuvées jusqu'alors, pour la plupart composées de pages blanches avec l'image du produit et un titre accrocheur. Dans ce sens, notre proposition n'était pas fidèle à la marque. Il n'y avait pas de belle photo du produit et aucun espace blanc (mise à part la silhouette blanche). « Ce n'est pas Apple », trancha Steve.

Dans un cas comme celui-là, la seule chose que nous pouvions faire était de rester sur notre position, de poursuivre le débat et d'espérer que l'idée cessât peu à peu de lui déplaire. Heureusement pour Susan et les créatifs de Chiat, Steve Jobs a fini par changer d'avis.

Un ou deux ans plus tard, lors d'un salon Macworld à San Francisco, Steve annonça à la foule qu'Apple avait deux nouveaux spots iPod. « Voulez-vous les voir ? » demanda-t-il, et la foule se déchaîna. Comme j'étais présent ce jour-là, je scrutai l'expression de Steve, debout sur scène à recueillir les applaudissements avant et après la projection des publicités. Je ne l'avais jamais vu aussi heureux et satisfait. Il était vraiment fier de ces spots !

Emblématiser l'ennemi

La nature de la publicité est de revendiquer que vous avez un meilleur produit. Et quand vous faites figure d'outsider, comme Apple l'a toujours été sur le marché des PC, vous pouvez le faire en vous comparant directement au leader du marché.

La manière dont vous représentez votre « ennemi » détermine la manière dont votre public vous perçoit. Vous pouvez paraître honnête et débonnaire ou, si vous n'y prenez garde, avoir l'air condescendant et méchant.

Dans son histoire, Apple a tenté plusieurs fois de s'attaquer à Microsoft, sans résultats conséquents. Nombre de publicitaires talentueux y ont donné le meilleur d'eux-mêmes. Il y a très longtemps, dans une série d'annonces en double page dans des magazines et des journaux, Apple avait comparé « la méthode difficile » à gauche à « la méthode facile » à droite. Vous devinez : Mac était la méthode facile. Au niveau de la raison, ces annonces étaient logiques. Au niveau des émotions, elles ne passaient pas. Le lecteur voyait deux ordinateurs et un tas de mots. Comme Apple était un tout petit joueur à l'époque, peu de gens furent convaincus.

Des années plus tard, Apple a prouvé que tout était dans la forme. Grâce au génie créatif de Chiat, la campagne *Mac vs. PC* s'est révélée la campagne la plus percutante et la plus couronnée de succès dans l'histoire d'Apple. Elle a fonctionné parce qu'elle a pris plus de distances en évitant de représenter Microsoft par un écran d'ordinateur. Les systèmes Mac et PC y étaient figurés par deux êtres humains. Chacun était doté d'une personnalité, et leur interaction attirait l'attention avec humour sur leurs différences.

Contrairement à l'approche « méthode difficile contre méthode facile », *Mac vs. PC* a généré énormément de réactions. Tout le monde en parlait et une multitude de parodies ont fleuri sur YouTube. Le secret était de trouver des emblèmes pour figurer les deux parties au lieu de montrer des ordinateurs. Dans ce cas, les ordinateurs étaient représentés par des acteurs.

En 1999, Apple s'est trouvée dans une position où elle a choisi de se battre contre un adversaire encore plus gros : la totalité du secteur informatique. Le sujet qui préoccupait tout le monde cette année-là était le redoutable bug de l'an 2000, qui menaçait de rendre hors d'usage les ordinateurs du monde entier le 1er janvier 2000.

Le souci était que la plupart des machines traitaient les dates sur deux chiffres (représentant 1999 par 99, par exemple) et n'étaient pas prêtes à gérer le passage de 99 à 00. Certains ordinateurs risquaient d'interpréter 00 comme 1900, ou même 19000, c'est pourquoi les entreprises craignaient des conséquences désastreuses. Il est impossible de chiffrer exactement les sommes dépensées pour prévenir le problème, mais c'était colossal. La dépense au niveau mondial est estimée entre 300 milliards de dollars (International Data Corporation) et 600 milliards de dollars (Gartner Group).

Steve Jobs s'en amusait, parce que le danger ne menaçait pas ses clients. Les Mac étaient configurés de façon à mettre leurs utilisateurs à l'abri des problèmes de date jusqu'en l'an 29 940. Après cette date, à eux de se débrouiller !

Douglas Adams, auteur du *Guide du voyageur galactique* et adepte d'Apple, a envoyé à Steve Jobs une phrase humoristique de son cru :

> *Peut-être n'allions-nous pas tout régler, mais au moins savions-nous que le siècle arrivait à son terme.*

Nous avons utilisé cette phrase d'Adams sur le Web. Pour la télévision, nous cherchions le meilleur moyen de visualiser le problème. Finalement, nous avons choisi d'illustrer la pagaille planétaire au moyen d'un gros voyant rouge. Notre porte-parole serait HAL, l'inquiétant ordinateur du film *2001 : l'Odyssée de l'espace*.

L'intérêt est que, comme l'action du film se déroulait en 2001, contrairement à nous, HAL avait survécu tant bien que mal au bug de l'an 2000.

HAL était une image parfaite pour un problème compliqué, car il reflétait la malveillance tapie dans le monde des PC. Le spot entier se composait d'un zoom avant en ralenti sur l'œil rouge de HAL.

Il n'a pas été facile d'obtenir HAL dans notre spot, du fait que les droits appartenaient conjointement à la MGM et à Stanley Kubrick. MGM a vite accepté, mais Kubrick était à Londres pour la postproduction de *Eyes Wide Shut*. Nous avons dû attendre son retour, après quoi il a adoré le spot (au vu d'une version provisoire avec une image fixe et moi en narrateur).

Le seul à refuser a été l'acteur Douglas Rain, qui avait donné sa voix à HAL dans *2001* et *2010*. C'était un artiste, et les artistes ne font pas de publicité, même si Kubrick l'approuvait. Aussi, après l'audition de soixante-quinze imitateurs de HAL, sommes-nous tombés sur l'acteur Tom Kane, qui a prêté sa voix à C-3PO dans des jeux vidéo et à Yoda dans la série télévisée d'animation, tous deux tirés de la saga *Star Wars*. Il connaissait bien le domaine de l'espace et campait un HAL impeccable, jusqu'à son léger accent canadien.

Le spot avec HAL a été diffusé durant le Super Bowl en 1999, juste après le coup d'envoi. La Simplicité s'est fait remarquer une fois de plus, même au milieu de publicités pour la bière.

Chapitre 6
Penser la formulation

L'attention de tous était fixée sur ce mystérieux objet sur la table, caché sous une toile grise. Il était impossible d'en discerner le moindre détail. Notre curiosité allait devoir attendre le moment de la révélation pendant la réunion.

Il ne s'agissait pas d'un briefing ordinaire pour un produit. Sous le voile se trouvait l'ordinateur domestique qui allait sauver Apple.

Je n'en rajoute pas, c'est exactement en ces termes que Steve Jobs l'avait présenté. C'était le produit auquel il avait fait allusion au tout début de la campagne *Think different*. Selon lui, le premier produit qu'il allait sortir serait une réinterprétation de l'ordinateur familial. Il avait mis ses ingénieurs et designers au défi de créer un produit génial, et nous allions enfin voir le résultat.

Apple n'aurait pu être sauvée en sortant des boîtes beiges, identiques par leur aspect et leurs fonctions aux centaines de modèles de PC déjà sur le marché. Steve voulait que son premier produit écarquillât les yeux du public et annonçât le retour d'Apple.

C'était au printemps 1998, nous avions été convoqués à Cupertino pour voir ce nouvel ordinateur, connu sous le nom de code C1. « C » pour « *consumer* » (consommateur, par opposition aux modèles pour entreprises). Apple ne se cassait pas la tête pour ses noms de code à l'époque.

À ce stade, nous avions l'impression d'avoir bien avancé après la réalisation de la campagne *Think different* et sa diffusion stratégique à la télévision, sur les affiches et à l'arrière des magazines partout dans le monde. Notre participation concernait la promotion de la marque, et nous arrivions maintenant au concret, le produit qui allait prouver que notre campagne de marque n'était pas sans substance.

Nous étions maintenant tout près du C1, anxieux de voir les résultats de toutes ces innovations. Si Steve Jobs avait misé l'avenir de la société sur cet ordinateur, il se devait d'être exceptionnel. Le temps d'Apple était compté et c'était sa seule arme pour rétablir la situation.

Nous étions cinq ou six représentants de l'agence Chiat, les créatifs et les gestionnaires du compte. Deux chefs de produits Apple étaient là pour nous éclairer. Après quelques paroles d'introduction, les choses sérieuses ont commencé.

L'un des chefs de produits a soulevé le voile pour révéler le C1.

C'était l'ordinateur ensuite commercialisé sous le nom iMac, qu'on aurait dit tout droit sorti de la série d'animation *Les Jetson*. Tout le groupe s'est exclamé « bon sang ! » puis s'est tu, tentant de saisir ce qu'il avait devant les yeux, parce que cet engin n'avait rien à voir avec notre conception des ordinateurs. C'était une machine monobloc colorée qui laissait voir ses composants internes au travers de sa coque translucide.

J'aimerais pouvoir écrire que nous étions tous assez clairvoyants pour comprendre immédiatement que nous étions face au premier stade d'une résurrection miraculeuse. Mais ce n'était pas tout à fait le cas. Plus tard, quand l'équipe de l'agence s'est retrouvée seule, nous avons enfin pu partager nos impressions respectives et constater qu'elles se rejoignaient. Nous ressentions à la fois un choc, de l'excitation et l'espoir que Steve Jobs savait vraiment ce qu'il faisait, parce qu'il y avait un risque réel que cet ordinateur révolutionnaire fût trop hors norme.

Les révélations faites ce jour-là ne se limitaient pas à la forme et au design du C1. Il était livré avec une nouvelle souris étonnante. Elle aussi ne ressemblait à rien de connu. Toute ronde, elle reprenait les mêmes couleurs sympathiques que l'iMac. Nous avons pensé que c'était dingue, cette souris ronde. Elle s'est révélée peu pratique, mais nous y reviendrons plus tard. Dans un coin de la salle de réunion, il y avait une autre machine sous un voile. Nous étions tellement impressionnés par le C1, que nous n'imaginions même pas l'éventualité d'un petit frère.

C'était en fait la tour d'un modèle pro qui allait sortir peu après le C1, le nouveau Power Mac G3. Sans être transparent comme le C1, il en partageait plusieurs caractéristiques par son design. Sa coque plastique toute en rondeur présentait deux grandes poignées en haut, à l'avant et à l'arrière.

La tour du Power Mac G3 était livrée avec un écran de grande taille du même style. Comme c'était un écran cathodique, il occupait beaucoup d'espace dans sa grosse coque plastique bleue et blanche. On était toujours dans l'ambiance des *Jetson*, mais ce modèle avait moins de charme que le C1. Lui aussi aurait droit à la souris ronde conçue pour le C1.

Nous étions aussi épatés à la vue du Power Mac G3 mais un peu plus inquiets. Bien que destiné aux entreprises, ce modèle avait l'air d'une machine grand public avec ce bleu tape-à-l'œil. De toute évidence, le chef du design Jony Ive et son équipe s'étaient tellement amourachés du style du nouvel iMac qu'ils l'exploitaient à fond. Une fois de plus, nous nous sommes dit : « Pourvu que Steve sache ce qu'il fait. »

Il s'est avéré, évidemment, que Steve savait *vraiment* ce qu'il faisait. Tout n'était pas parfait, mais c'était si bien dans l'ensemble que ces innovations ont marqué l'histoire de l'informatique.

Lors la réunion suivante, Steve Jobs était impatient de connaître notre opinion sur le C1. Il était fier de son bébé. Apple misait beaucoup sur cette machine et on voyait bien que Steve avait mis tout son cœur dans sa création. Il en adorait tous les détails et était pressé de la rendre publique. « L'arrière de notre ordinateur est plus beau que l'avant de leurs ordinateurs », a-t-il dit, une phrase qu'il allait souvent répéter par la suite.

À ce stade, nous avions eu le temps de digérer ce que nous avions vu. Une fois l'effet de surprise estompé, nous comprenions à quel point le C1 serait révolutionnaire. Nous croyions en son potentiel et étions impatients de commencer à lui préparer une campagne.

En premier lieu, toutefois, Steve nous a confié une mission : nous devions trouver un nom pour cette chose. Le C1 serait bientôt en fabrication, et il fallait vite le baptiser pour préparer le packaging.

« Nous avons déjà un nom qui nous plaît beaucoup, mais je veux voir si vous pouvez faire mieux, a dit Steve. Ce nom, c'est MacMan. »

Le fameux « i » d'Apple

Pendant que ce nom effroyable continue de résonner dans votre crâne, j'aimerais que vous songiez un instant à l'art de nommer les produits. Le monde manque tellement de Simplicité que les noms de produits sont des exemples frappants de ce qu'il faut faire ou ne pas faire.

Certaines entreprises trouvent des noms comme « iPhone », alors que d'autres veulent vous vendre un « Casio G'zOne Commando » ou un lecteur DVD « Sony DVP SR200P/B ». (Véridique, ces noms existent !)

On pourrait penser que les leçons à tirer des noms de produits concernent uniquement les sociétés qui fabriquent des biens de consommation, mais c'est faux. Toute personne qui communique, dans n'importe quel cadre, a intérêt à comprendre et à appliquer les principes d'une bonne dénomination. Ces principes peuvent vous aider à trouver le titre d'un rapport ou le thème d'une conférence. Au final, le nom doit attirer l'attention et procurer l'impression voulue.

Trouver des noms de produits est l'exercice suprême en matière de Simplicité. Il vous oblige à capturer en un seul mot, ou deux, l'essence d'un produit ou d'une entreprise, ou parfois à lui créer une personnalité. La Simplicité sied très bien à ce genre de défi, et la Complexité en raffole aussi, hélas. En fait, si vous étudiez les noms de produits, vous allez voir que la Complexité se débrouille très bien dans ce domaine.

Revenons à l'histoire du C1 ou, devrais-je dire, du MacMan.

L'équipe de l'agence était dévastée d'apprendre que Steve raffolait d'un nom aussi ridicule que « MacMan ». Contrairement à l'objet lui-même, pour lequel nos sentiments étaient passés du choc initial à l'engouement, nous ne pouvions pas aimer « MacMan ». C'était impossible. Il ne convenait pas pour tellement de raisons, que nous ne savions par où commencer.

Selon les dires de Jobs, c'est Phil Schiller, le directeur du marketing international d'Apple, qui était à l'origine de ce nom.

« Je crois que ce nom fait un peu penser à Sony », a dit Steve, faisant référence bien sûr à la légendaire gamme de baladeurs Walkman de Sony. « Or, je dois avouer que ça ne me dérangerait pas que l'image de Sony déteigne un peu sur nous. C'est un célèbre fabricant de biens de consommation, et si MacMan était perçu comme un produit grand public dans la lignée de Sony, ce serait positif. »

Il était difficile de commencer à réfuter cet argument. Il semblait qu'Apple, plus qu'aucune société au monde, défendait l'originalité. Choisir un nom qui rappelait de façon aussi flagrante le style d'une autre marque ne pouvait pas convenir. La portion « Man » de « MacMan » nous dérangeait aussi, puisqu'elle faisait référence aux hommes, au détriment des femmes. Le nom lui-même nous donnait des boutons, mais il nous fallait faire preuve de délicatesse sur ce point.

C'est un problème courant avec les clients. Une fois qu'ils ont jeté leur dévolu sur une chose qui ne vous plaît pas, la seule façon de les en détourner et de leur présenter autre chose de mieux. Steve nous proposait de trouver mieux que « MacMan », ce qui n'était pas un gros problème, du moins pas encore.

Avant que nous ne quittions ses locaux, Steve Jobs nous a fourni des directives pour trouver un autre nom.

« Tout d'abord, on doit savoir que c'est un Mac, a-t-il dit. Je pense donc que le mot "Mac" doit figurer dans le nom. » C'était la priorité numéro un, puisque mis à part son aspect, c'était bel et bien un Mac, exploitant les mêmes logiciels que les précédents ordinateurs de la marque.

« Ensuite, tout le monde veut se rendre sur Internet, et c'est le moyen le plus facile d'y accéder, a-t-il ajouté. Avec cet appareil, c'est super facile. » Il y aurait un assistant d'installation d'EarthLink intégré au système, il suffirait donc d'allumer l'ordinateur, de remplir un formulaire, et l'utilisateur se transformerait aussitôt en internaute et obtiendrait sa propre adresse e-mail. (Ce n'était pas évident à l'époque, croyez-moi.)

Steve a formulé deux mises en garde, deux pièges dans lesquels nous ne devions pas tomber.

« C'est un Mac très performant, mais certains risquent de le prendre pour un jouet. Le nom ne doit donc pas avoir l'air trop frivole », nous a-t-il recommandé.

« Il y aussi le risque que les gens croient que c'est un portable, à cause de sa grosse poignée en haut. Mais cet engin est lourd. La poignée sert juste à faciliter son déplacement dans la maison. Alors évitez de donner l'impression que c'est un portable. »

Ses instructions nous ont laissés perplexes, sachant que Steve s'était prononcé en faveur du nom « MacMan ». Ce nom était contraire aux deux dernières instructions. « MacMan » faisait à la fois penser aux jeux (Pac-Man) et à la notion de portable (Walkman).

Mais nous allions garder cet argument pour le moment où nous aurions de meilleurs noms à proposer. Mis à part les désaccords possibles, trouver un nom pour le C1 était une mission très intéressante, et l'agence s'est empressée d'accepter. Une semaine plus tard, nous somme retournés à Cupertino avec nos propositions sous le bras. Nous avions établi une longue liste de noms possibles, puis conservé les cinq meilleurs et créé une planche pour chaque nom. Chaque planche présentait le nom en gros dans une police alléchante, suivi d'une brève description de ses vertus.

Notre préférence allait à un nom que j'avais trouvé au début : « iMac ». Il semblait répondre à toutes les directives. C'était clairement un Mac. Le « i » évoquait que c'était un Mac conçu pour aller sur Internet. C'était aussi un nom d'une concision parfaite, avec juste une lettre ajoutée au mot « Mac ». Il ne faisait pas penser à un jouet ni à un appareil portable.

L'emploi du mot « Mac » dans le nom du produit était plus révolutionnaire que vous ne l'imaginez. En effet, à l'époque, « Macintosh » n'avait pas encore été abrégé dans les noms officiels des ordinateurs Apple. Simplicité et minimalisme s'accordaient donc on ne peut mieux avec le nom « iMac ».

Et bien sûr, il y avait un autre petit avantage à choisir le nom « iMac ». Il créait un modèle qu'Apple pourrait calquer pour le nom de ses futurs produits grand public. On pouvait très bien imaginer qu'un jour Apple eût envie de créer un autre i-produit.

Un par un, j'ai présenté à Steve Jobs les cinq noms que nous avions retenus. Je passais vite sur les premiers, tels que « MiniMac », (c'était bien avant la sortie du Mac mini), pour finir en beauté sur « iMac ». J'ai fait valoir que le nom « iMac » était non seulement concis et facile à retenir, mais que le « i » pouvait évoquer plusieurs choses. Il y avait l'association d'idées évidente avec Internet, mais « i » pouvait aussi représenter « individuel » et « imagination ». Malheureusement, la touche finale n'a pas eu l'effet escompté sur Steve.

« Aucune de vos propositions ne me plaît. “MacMan”, c'est quand même mieux. »

Quoi de plus décourageant ? Nous espérions rentrer chez nous en héros, au lieu de quoi nous allions repartir blessés et contraints de recommencer à chercher des noms.

« Maintenant, vous avez une semaine pour trouver mieux ; sinon, ce sera “MacMan” », a conclu Steve.

Une semaine plus tard, nous avions pondu une autre série de noms. Nous avions éliminé ceux de la première série mais conservé « iMac » dans le lot, malgré l'aversion initiale exprimée par Jobs. Dans cette présentation, j'ai suivi un précepte appris longtemps auparavant d'un publicitaire avisé : « Du moment que tu as de nouvelles idées à partager, tu es libre d'en représenter une ancienne. »

De retour à Cupertino pour la présentation numéro deux, j'ai exposé à Steve les nouveaux noms en premier. Rien ne lui plaisait dans cette nouvelle liste. C'est alors que j'ai ressorti « iMac » en disant que ce nom nous tenait encore à cœur. Steve Jobs a eu la courtoisie de l'étudier à nouveau.

« Bien, il ne me déplaît pas cette semaine, mais je ne suis toujours pas conquis. Maintenant nous n'avons plus que deux jours, et je continue de penser que “MacMan” est le meilleur nom que nous avons », a déclaré Steve.

Aussi déprimant qu'était ce jugement, nous pouvions au moins percevoir une lueur d'espoir cette fois. Steve avait dit qu'« iMac » ne lui déplaisait plus. C'était un point positif pour moi.

J'aimerais pouvoir raconter qu'il y eut un grand revirement après cela, un moment de gloire où nous aurions pu nous féliciter mutuellement, mais ce ne fut pas le cas. Le lendemain, alors que je parlais à l'un de mes clients chez Apple, j'ai appris qu'il se tramait quelque chose. Steve demandait à tous ce qu'ils pensaient du nom « iMac ». Il l'avait fait sérigraphier sur un modèle pour voir l'effet produit.

Je n'ai jamais entendu le moindre commentaire sur cette décision. En gros, Jobs a choisi d'adopter ce nom sans nous remercier. Apparemment, il a dû apprécier le nom gravé sur l'ordinateur et recevoir des réactions positives de son entourage.

C'est ainsi qu'« iMac » a été retenu.

Cette anecdote est révélatrice du mode de fonctionnement de Steve Jobs. Il avait son opinion. Une opinion très ferme, le genre d'opinion capable de vous renverser et de vous botter le derrière. Mais cela ne veut pas dire qu'il manquait de raison ou était incapable de changer finalement d'avis face à des arguments sincères présentés avec conviction.

Cela a été un tournant crucial pour Apple, quand son amour de la Simplicité l'a emporté pour la conduire sur la voie qu'elle poursuit encore aujourd'hui. Steve Jobs était inflexible dans sa volonté de donner un nom génial à son produit génial. Il appréciait le pouvoir des mots. Dans ce cas, il appréciait le pouvoir d'une seule lettre.

Et ce petit « i » est devenu l'une des composantes essentielles de la marque Apple.

Les joies et les bénéfices (éventuels) du nommage de produits

La Simplicité peut se manifester sous diverses formes : produits, stratégies, hiérarchies des entreprises, procédures, publicités, discours, et dans des centaines d'autres domaines. Mais c'est dans le nom d'un nouveau produit qu'on la trouve sous la forme la plus concentrée.

Alors que vous disposez seulement de quelques caractères alphanumériques, vous voudriez communiquer une idée que vous pourriez décrire sur plusieurs pages. Le nom va créer une identité unique pour le produit, lui insuffler une personnalité et éventuellement contribuer à renforcer la marque.

Deux méthodes existent pour créer le nom d'un produit. L'entreprise peut faire appel à une agence spécialisée dans cette activité, ce qui peut coûter une petite fortune, ou tenter le coup toute seule.

Je suis sûr que les professionnels du nommage de produits ont mille raisons de vous convaincre de laisser cette activité aux experts. Je suis sûr aussi que les grandes entreprises préfèrent confier cette mission délicate à des experts extérieurs. C'est un sujet sérieux dont l'enjeu est énorme.

Si votre métier est de trouver des noms de produits, n'attendez pas qu'Apple vous appelle.

Apple ne fonctionne pas ainsi. Les noms de ses produits révolutionnaires ont tous été trouvés par Chiat ou par les équipes produits et marketing d'Apple. Compte tenu de l'indéniable succès de l'iMac, de l'iPhone et de l'iPad, il est difficile de remettre en question la méthode en vigueur chez Apple.

Steve Jobs partait du principe que personne ne connaissait mieux les produits et projets d'avenir d'Apple, ou ne comprenait mieux la culture de l'entreprise, que les employés d'Apple et de Chiat. Il n'aurait jamais payé des centaines de milliers de dollars à un expert extérieur, sans doute par crainte d'obtenir des noms de produits du style « Quadra » et « Performa », comme les ordinateurs sortis par Apple durant son absence. De tels noms conviendraient mieux à une voiture mais n'ont pas leur place dans le monde de Steve Jobs. Ils ont des relents de grandes entreprises « classiques », tentant à la fois d'être dans le vent et à l'abri des conflits juridiques.

Steve Jobs tenait tellement à la Simplicité dans le choix des noms qu'il avait l'habitude d'étudier une multitude de noms avant de prendre sa décision finale. On pourrait penser que le nom « iPhone » résulte d'une décision rapide du fait de son évidence. Or, beaucoup d'autres noms ont été proposés et étudiés, en partie par zèle professionnel et en partie à cause de problèmes juridiques liés à ce nom.

Évidemment, un super nom ne garantit pas le succès d'un produit. Mais il accroît nettement ses chances de réussite. Un mauvais nom, en revanche, peut nuire au lancement d'un produit. Comme tout le reste en marketing (et dans la vie), l'objectif est de mettre toutes les chances de son côté. Affublé d'un mauvais nom, le produit part avec un handicap avant même d'atteindre les rayons.

M'étant livré à cette activité moi-même, je peux témoigner du fait qu'à un moment donné, après avoir couvert les murs de suggestions de noms et commencé à réciter le dictionnaire analogique dans mon sommeil, il est facile de se convaincre que tous les bons noms sont déjà pris. Le nom génial existe pourtant quelque part, attendant d'être découvert.

Apple recourt largement au Bon Sens dans le choix des noms. La société ne cherche rien de spectaculaire. Le nom iPhone n'a pas suscité de grandes manifestations d'enthousiasme, mais il découle d'une logique imparable. Il est venu après iMac, iPod, iPhoto et un tas d'autres i-produits, ce qui l'identifie clairement comme un produit Apple. La portion « phone », quant à elle, identifie parfaitement la catégorie que le produit vise à révolutionner.

Au-delà du Bon Sens, le choix des noms chez Apple relève d'une certaine cohérence. Ses ordinateurs sont tous des Mac, toujours : iMac, Mac Pro, MacBook Air et MacBook Pro. Le « i » identifie les appareils grand public d'Apple et se trouve toujours accolé à un mot qui décrit le produit ou sa catégorie. La structure des noms en vigueur dans les principales gammes de produits d'Apple est facile à comprendre pour ses clients actuels et potentiels. Et chaque fois que vous prononcez le nom d'un produit Apple, on sait que c'est un produit Apple. Voilà un concept d'une force incroyable et on ne peut plus simple. Et pourtant, peu d'entreprises réussissent à associer aussi efficacement leur marque à leurs noms de produits.

Chez Dell, les noms de produits n'ont aucun rapport entre eux : Inspiron, Vostro, XPS, OptiPlex, Precision, *etc.* Chaque fois que Dell ajoute un produit à son catalogue, le consommateur doit assimiler un nouveau nom. Il est vrai que certains noms finissent par être (re)connus avec le temps, mais il n'y a pas de logique entre les noms ni de rapport avec la marque Dell. Ce n'est pas aussi clair pour le consommateur que sur apple.com.

Les fabricants de mobiles ont beaucoup de mal avec les noms, ce qui donne encore plus de poids à la logique simple d'Apple. Regardez les sociétés comme Motorola et Nokia. Victimes d'un cas chronique de prolifération de produits, elles doivent en payer le prix lorsqu'elles ont à choisir le nom de leurs appareils. Avec leurs douzaines de modèles sur le marché, ces sociétés sont submergées de nouveaux noms tels que « Enlighten », « Breakout », « Astound », « Curve », « Citrus » et « Fascinate ». Ces noms font penser à la marque aussi bien que le ferait n'importe quel mot du dictionnaire.

La situation actuelle avec tous ces noms désastreux n'est pas sans raison. Les fabricants de mobiles doivent conclure des accords avec tous les opérateurs de téléphonie, et ils sont nombreux à demander des noms de modèles exclusifs pour leurs boutiques. Si vous voulez leur vendre vos téléphones, vous devez vous soumettre à leurs règles. C'est un cycle que les fabricants de mobiles sont impuissants à briser, à moins de s'appeler Apple. En révolutionnant la catégorie, Apple a créé un nom qui se vend tout seul.

Pourquoi avons-nous autant de noms de produits génériques ou médiocres ? C'est parce que la Complexité est profondément intégrée à la procédure de nommage. Le nom doit être approuvé par plusieurs parties concernées. Dans la plupart des sociétés, c'est déjà une grande victoire de voir un nom surmonter tous les obstacles juridiques. J'ai participé à plusieurs projets de nommage à l'issue desquels un nom était choisi simplement parce que le délai était écoulé et que « c'est le meilleur que nous puissions faire approuver ».

Ce genre de discours n'est absolument pas toléré à Cupertino. Apple ne choisit pas les noms de produits faute de mieux. Chaque nom doit être parfait.

La Simplicité est uniforme

Les êtres humains sont naturellement programmés pour identifier les produits par des mots seuls. Si vous leur demandez plus, vous risquez d'être déçu. On dit : « Je vais vérifier sur mon iPhone » mais jamais « Je vais vérifier sur mon iPhone Apple ».

Cela s'explique par le fait que l'iPhone a quasiment le statut d'une marque à lui seul. Mais aussi parce qu'Apple a fait ce qu'il fallait pour limiter l'étendue de son catalogue et sait choisir judicieusement le nom de ses produits. De nouveaux modèles d'iPhone sortent tous les ans depuis 2007, mais ils conservent tous le même nom. Ils se distinguent par un petit suffixe (3GS, 4, 4S, *etc.*), mais, dans la conversation, on précise le modèle uniquement en cas de besoin. Ainsi, on dit « Je vais vérifier sur mon iPhone » mais rarement « Je vais vérifier sur mon iPhone 3GS ». C'est normal, puisque « iPhone » est la marque, et que le suffixe n'a qu'une valeur informative.

Apple applique le même principe d'uniformité dans le domaine des ordinateurs. Toutes les lignes de produits (iMac, Mac Pro, MacBook Pro et MacBook Air) conservent leur nom même quand l'aspect extérieur change radicalement. Désigner sous le même nom des modèles très différents risque de compliquer la logistique en interne, mais Apple est prête à en accepter les conséquences si ce système simplifie les choses pour ses clients.

Avec plusieurs formes distinctes, le nom de l'iPod est une autre histoire. Contrairement aux différents modèles d'iPhone qui ont tous le même usage, chaque modèle d'iPod correspond à un usage différent : l'iPod classic (avec la plus grosse capacité de stockage, pour transporter et écouter le maximum de musique), l'iPod touch (pour utiliser l'e-mail et les applications comme sur l'iPhone), l'iPod nano (qui combine une multitude de fonctions dans un mini-format) et l'iPod shuffle (sans écran et super léger pour être emporté partout). Même si chaque modèle est affublé d'un nom distinct, ce dernier repose sur le Bon Sens puisqu'il décrit la taille ou la fonction de chaque type d'iPod. Il n'y a aucune combinaison obscure de lettres et de chiffres dans les noms, mais seulement « classic », « touch », « nano » et « shuffle ». Ces noms sont entrés dans le vocabulaire courant, car ils sont faciles à retenir.

Par contraste, les noms de la plupart des mobiles vendus par les concurrents d'Apple sont difficiles à mémoriser, parce qu'ils sont très nombreux et qu'ils ne font pas référence au nom de la marque ni aux fonctions des appareils.

Comme les gens ont une préférence pour les noms simples, ils ne font pas référence à leur mobile en disant « mon HTC Thunderbolt » ou « mon Citrus Motorola ». Bien qu'aucune étude n'existe à ce sujet, il ne serait pas surprenant que les propriétaires de ces modèles les désignent simplement par « mon mobile » ou « mon téléphone ».

Une exception serait « Droid », parce que ce nom nous dit quelque chose. C'est un nom idéal, court, mémorable, futuriste et déjà connu puisqu'il provient de la saga *Star Wars*. Malheureusement, le nom Droid ne rapporte pas de bénéfice à un seul et unique fabricant de mobiles du fait qu'il appartient à Lucasfilm qui en loue les droits d'utilisation à la fois à Motorola et à HTC.

La politique d'Apple de choisir des noms simples n'a pas pour seule utilité de renforcer la notoriété de la marque. Elle sert aussi à éviter de semer la confusion dans l'esprit du public. Au final, c'est ce que la Simplicité accomplit le mieux. De façon parfaitement claire, elle indique aux clients qui vous êtes et ce que vous leur vendez.

Éviter les mauvais choix

La Complexité a la vilaine habitude de transformer une victoire en défaite.

Lorsque j'ai rejoint l'agence publicitaire qui travaillait pour Intel, le Pentium était le processeur le plus rapide de son temps. Intel investissait des centaines de millions de dollars dans cette famille de processeurs tout en ayant un autre projet en vue. La société préparait un jeu de puces spécialement conçues pour l'informatique mobile, intégrant les fonctionnalités sans fil et les autres technologies qui font la magie des portables. Il ne lui manquait plus qu'un nom.

À l'époque, le terme « Pentium » était connu du grand public. Pentium est un bon exemple de nom inventé dont le sens est connu de tous du fait de son ubiquité et grâce au lourd investissement d'Intel pour sa promotion. Pentium a été une réussite en devenant un symbole fort de la marque Intel.

Intel visait le même succès pour sa nouvelle technologie mobile. Mais avant d'y parvenir, la société avait deux défis à relever. Elle avait besoin de trouver un nom pour ce jeu de puces et d'établir un très bon plan marketing.

Le Bon Sens, au nom de la Simplicité, aurait voulu qu'Intel trouvât le nom avant son plan de marketing. Au contraire, cette charrue était sur le point d'arriver avant les bœufs. Le débat sur le choix du nom s'éternisant chez Intel depuis des mois, l'agence a reçu l'instruction de fournir un plan marketing original en laissant un blanc dans les publicités et autres supports marketing, blanc qu'il suffirait ensuite de compléter avec le nom et le logo du produit.

Le plus absurde dans cette situation est le fait qu'Intel avait déjà un nom formidable. Tout comme Apple disposait d'un atout précieux avec son « i », quelqu'un avait remarqué qu'Intel avait le potentiel d'exploiter à l'infini le style du nom Pentium. La terminaison « -ium » de « Pentium » pourrait servir à créer d'autres noms plus tard, donnant ainsi une certaine cohérence au catalogue d'Intel. Comme le mot « Pentium » semblait sorti de la table des éléments, il aurait pu donner naissance à de nouveaux « éléments », ceux-ci étant les microprocesseurs les plus avancés du monde. De plus, l'image des éléments était logique puisque Intel ne fabriquait pas des ordinateurs mais l'ingrédient le plus vital de ces machines.

Tenant compte de ces remarques, Intel avait déjà trouvé un nom de produit pour sa nouvelle plate-forme mobile, qui relevait non seulement de la Logique (cousine du Bon Sens) mais dénotait une certaine ingéniosité. Le nom proposé était « Mobilium ». S'il provient d'une agence de nommage, ses services méritent d'être recommandés.

Notre agence publicitaire voyait un grand potentiel dans « Mobilium ». Si Intel était allée dans cette direction, elle aurait eu la chance d'introduire un peu de logique dans son catalogue de produits. Le nom « Mobilium » a d'ailleurs filtré dans la presse comme celui de la future plate-forme mobile d'Intel. Mais sans raison apparente, il a vite été relégué au statut de nom de code et éliminé de la liste des candidats pour le nom de produit final. Comme vous le découvrirez plus tard dans ce livre, Intel n'était pas téméraire face aux questions juridiques, et il donc probable que le nom était déjà déposé.

Il y a une grande différence entre Intel et Apple face à ce genre de problème. Apple était en conflit juridique avec Cisco à propos de l'emploi du nom « iPhone » avant même le lancement de l'appareil. Nous reviendrons sur cette bataille dans un prochain chapitre. En gros, Steve Jobs était tellement déterminé à utiliser ce nom pour son appareil révolutionnaire qu'il a choisi d'annoncer la sortie de l'iPhone sans obtenir au préalable les droits de propriété sur le nom. Ses instincts en marketing le poussaient à prendre des risques (parfois très coûteux) quand il décelait un grand potentiel dans un nom. Les éventuels problèmes perçus par la société Intel dans l'emploi du nom « Mobilium » l'ont poussée à faire exactement le contraire.

Ayant renoncé au nom « Mobilium », Intel décida de rétribuer grassement une société spécialisée dans le nommage de produits. (Le type de société que Steve Jobs évitait comme la peste.) Le nom est alors devenu « Centrino ». L'équipe chargée de l'identité visuelle chez Intel s'est mise au travail et a surpris tout le monde en dessinant un logo de produit qui ressemblait à un papillon de profil. Je mentionne ce détail pour vous faire part d'une anecdote racontée par une personne impliquée dans la conception du logo. Lorsque le premier logo Centrino a été présenté au président d'Intel, Andrew Grove, il a marqué une courte pause. Sortant juste d'une opération après de sérieux soucis de santé, Grove a déclaré : « On dirait ma prostate. » Le logo a alors été modifié pour ménager Grove…

Intel n'aurait pas les mêmes logos ni la même nomenclature si la société avait pu obtenir le nom « Mobilium » au lieu d'adopter « Centrino ». Mais Intel, comme beaucoup d'entreprises, n'est pas aussi obsédée par la Simplicité qu'Apple dans le choix des noms. Pour le vérifier, il vous suffit de parcourir les catalogues sur les sites Web de Dell, HP, Acer et des autres. Comme vous le verrez lorsque nous reparlerons de l'iPhone, Apple est la seule société à aller ainsi jusqu'au bout pour obtenir le nom qu'elle estime le plus efficace en marketing.

C'est pour cette raison qu'Apple vend des iMac, iPhone et iPad, tandis que Dell vend des Insipron, des Vostron et des Optiplex.

Les joies de l'évidence

L'un des inconvénients de la Simplicité est qu'elle s'accompagne d'une malédiction. En effet, parfois, les choses semblent trop faciles.

Ce n'était sûrement pas facile de travailler jour et nuit pour parvenir à une idée simple. Mais pour un observateur extérieur, ou même pour le chef qui supervise le projet, l'idée risque de paraître trop évidente.

Prenons le nom « iPhone », par exemple. Suite au succès phénoménal de l'iPod, le nom était si évident qu'un millier de journalistes et de blogs faisaient déjà référence à l'« iPhone » plusieurs mois avant son annonce par Apple. Ce nom était tout aussi évident pour Steve Jobs, et c'est pourquoi il voulait nommer son appareil « iPhone » dès le départ.

Le nom « iPhone » est en réalité une simplification excessive. Steve l'a exprimé clairement lorsqu'il est monté sur scène pour annoncer son lancement : l'iPhone, c'est trois appareils en un. C'était un téléphone, un navigateur Web et un iPod. Alors pourquoi « iPhone » ? Ce nom ne décrit qu'un tiers des fonctions de l'appareil. On aurait pu penser qu'il aurait eu un nom original du style « iPod », un nom moins spécifique ou qui aurait laissé entendre que c'était plus qu'un téléphone. Mais non, Steve pensait qu'« iPhone » était parfait.

C'était l'évidence du nom qui lui plaisait autant. En appelant l'appareil « iPhone », il ne pouvait y avoir aucune méprise sur le positionnement du produit ou sur le secteur qu'Apple entendait révolutionner. Le public comprendrait instantanément le produit et cela contribuerait au buzz.

Steve Jobs n'était pas un novice en matière de noms de produits. Il savait bien que, quel que fût le nom de l'appareil, il serait bientôt connu pour toutes ses caractéristiques, y compris la téléphonie. Il ne s'inquiétait donc pas du tout que le nom fût un peu restrictif, compte tenu des nombreuses fonctionnalités de l'appareil. Grâce au retentissement dans la presse et aux efforts marketing d'Apple, l'iPhone fut bientôt connu pour être plus qu'un simple téléphone.

Ainsi, bien qu'une multitude de noms lui fût présentée, Jobs s'est accroché à son premier coup de cœur : « iPhone ». Il pensait que c'était la solution la plus simple, et s'il y avait des obstacles pour obtenir les droits sur ce nom, il était prêt à en payer le prix.

Prier de faux dieux

Mon catéchisme est loin derrière moi, mais si j'ai bon souvenir, il y a un commandement qui dit : « Tu ne convoiteras pas le marketing de ton prochain. »

C'est incroyable le nombre de sociétés qui tombent dans ce piège. Je ne compte plus le nombre de clients que j'ai vus épingler les publicités de leurs concurrents sur le mur en souhaitant ouvertement que ces annonces fussent les leurs. Ils veulent être quelqu'un d'autre, même si ce quelqu'un a des conditions et des valeurs très différentes.

C'est bien d'avoir des objectifs ou d'être inspiré par le travail d'autrui. Mais la Simplicité vous demande de garder les yeux sur la route et de rester fidèle aux valeurs de votre société. C'est une question d'authenticité.

Voyons le cas du logiciel Final Cut Studio d'Apple, prédécesseur de Final Cut Pro X. Lorsque Final Cut Studio 2 était sur le point de sortir, j'ai eu le plaisir de participer au choix final du nom du produit.

Final Cut Studio est un ensemble d'outils de production vidéo haut de gamme pour le montage et les effets spéciaux. Avant le lancement de la version 2, Apple avait racheté un nouveau composant auprès d'un autre éditeur. Il s'agissait d'un outil d'étalonnage des couleurs, qu'on utilisait à Hollywood pour des retouches très sophistiquées. Alors que ce logiciel était auparavant vendu 25 000 dollars pièce, Apple allait l'intégrer à sa nouvelle version de la suite Final Cut Studio. Après avoir beaucoup réfléchi au nom de ce nouveau composant, Apple décida de l'appeler simplement « Color ».

L'une des personnes en charge du projet, que nous appellerons Jan, admirait sans réserve la façon dont Adobe vendait son logiciel vidéo Adobe Premiere. À l'époque, Premiere était disponible en plusieurs éditions plus ou moins complètes vendues à différents prix.

Jugeant ce système parfait, Jan pensait qu'Apple aurait dû l'adopter : créer deux éditions de Final Cut Studio, standard et premium, avec la nouvelle application Color dans l'édition premium. Elle a commandé le design du packaging pour deux produits et la création d'un nom pour la version premium. Si la version standard s'appelait Final Cut Studio 2, comment appeler la version qui incluait Color ?

Impliqué dans le choix du nom, j'ai fait part de mes suggestions aux concepteurs de l'emballage. Mes suggestions n'avaient rien de fabuleux, puisqu'on y trouvait des perles comme « Final Cut Studio 2 Extended Edition » et « Final Cut Studio 2 Edition Platinum ». Ces noms ressemblaient à ceux d'Adobe (ou, pire, à ceux de Microsoft). En réalité, la seule différence entre les deux produits était la présence de Color. J'ai donc décidé d'agir en vertu du principe de l'évidence et de me fixer sur « Final Cut Studio 2, With Color ».

À l'insu de tous, Steve Jobs préparait son sceptre de la Simplicité.

Lors de la présentation, un assortiment d'emballages, chacun avec un nom différent, était étalé en ordre sur la table devant Steve. L'emballage de l'édition platinum avait une jolie bande métallisée en haut. Les autres avaient chacun un petit plus qui les différenciait de l'édition standard. Jan résuma la mission pour définir le contexte à l'intention de Steve, en lui indiquant que tout cela était fait pour répondre à l'ajout de Color. Steve regarda les boîtes puis l'équipe.

« Mettez l'outil dans la boîte », dit-il.

Le groupe ne comprenait pas bien ce qu'il voulait dire. Nous demandâmes une explication.

« Mettez Color dans la boîte de Final Cut Studio. Nous vendons un seul produit. Point. » Il y eut un moment de silence, le temps que le groupe absorbe cette décision. « Quoi d'autre ? » demanda-t-il.

La pauvre Jan pensa qu'il était important que Steve comprît pourquoi ils s'étaient donné tout ce mal. Elle expliqua qu'elle avait promis au directeur financier que le service Logiciels allait créer une édition spéciale afin de justifier le coût d'acquisition de Color.

« On dirait que vous avez commis une grosse erreur », répliqua Steve. Et ce fut tout. Le débat était clos. Final Cut Studio 2 n'aurait qu'un seul emballage pour un seul produit.

Quand j'y repense, je me dis qu'il ne s'agissait même pas d'un cas de Complexité sournoise. Elle était là, bien évidente, mais personne ne semblait la voir avant que Steve ne vînt la chasser avec son sceptre de la Simplicité.

En mettant tous les composants de Final Cut Studio dans une seule boîte, Apple simplifiait les choses pour ses clients et encore plus pour elle-même. Ainsi, il n'y avait pas besoin d'expliquer sur le site Web la différence entre les deux éditions, et Apple pouvait simplement annoncer la grande nouveauté apportée à Final Cut Studio. Cette solution avait aussi le mérite d'éviter des dépenses pour la conception et l'impression d'emballages différents, sans compter le stockage des deux produits dans tous les magasins Apple. Pour les clients, l'avantage était de ne pas avoir à se poser de questions sur le choix d'une édition. Ils auraient simplement le plaisir d'acheter un nouveau produit performant avec un tout nouveau composant. Sans Color, les différences auraient été minimes dans la mise à jour vers Final Cut Studio 2. La solution la plus simple était de loin la meilleure.

Dans ce cas, c'était l'excès de zèle de Jan qui était en faute. Elle était convaincue qu'il lui suffisait de trouver un nom adéquat pour résoudre le problème. Malheureusement, sa quête tout entière était inspirée par les valeurs d'un concurrent et non par les règles de Simplicité d'Apple.

Un peu d'ergonomie Web pour les esprits clairs

Lorsque les cadres d'Apple approuvent le contenu d'apple.com, ils cherchent à communiquer l'information en respectant l'atmosphère propre à Apple : chaleureuse, accueillante et intelligente, le tout dans un site facile à parcourir.

Certains fanas du numérique reprochent à apple.com son manque de fantaisie. Ils voient ce site comme un beau catalogue en ligne. Ils ont raison sur ces deux points, et c'est ainsi que Steve Jobs aimait le site. Pour lui, apple.com servait à informer le public à propos des produits Apple, rien de plus. Il voulait que le site fût intéressant et attirant mais rejetait systématiquement les suggestions de ceux qui voulaient le rendre plus dans l'air du temps.

Steve Jobs avait des normes strictes concernant ce qui pouvait ou non figurer sur le site d'Apple. Il n'aimait pas trop les animations tape-à-l'œil, qu'il considérait comme une tactique facile, typique d'une entreprise qui tente d'impressionner les visiteurs avec de jolis effets visuels plutôt que par son contenu. Il insistait pour que le site d'Apple évitât les frivolités et que le visiteur pût trouver facilement les informations qu'il cherchait.

Le site d'Apple a mûri au fil des années, intégrant désormais un peu d'animation en HTML5. L'animation dynamise légèrement les pages, mais Apple continue de refuser d'ajouter des effets numériques sophistiqués. Le résultat est un site Web qui reste parmi les plus fréquentés au monde et souvent loué pour sa clarté.

Apple laisse les autres essayer les nouveautés bizarres et farfelues. Son objectif est d'être reconnue comme un îlot de Simplicité dans un univers complexe. En ce sens, apple.com est la parfaite illustration du sujet de ce livre : exploiter le pouvoir de la Simplicité pour aider son entreprise à se démarquer.

Si vous pénétrez dans le site, vous trouverez des sections qui ne sont pas totalement simples. Elles contiennent beaucoup de produits à vendre et d'informations à transmettre. L'important est que ces pages sont conçues pour être *ressenties* comme simples.

Bien sûr, ce qui importe plus encore que de créer un site simple, c'est d'en faciliter l'accès au public. Dans ce domaine aussi, Steve Jobs a imposé la Simplicité. Il était très pointilleux sur les URL. Un jour, nous lui présentions la version finale d'une publicité quand quelqu'un dans la salle suggéra d'utiliser une URL spéciale à la fin du spot pour diriger les visiteurs vers une page particulière d'Apple, telle que « www.apple.com/offrespeciale ».

Steve avait l'air stupéfait qu'on ose faire une telle suggestion. Mais, sans entrer en fureur, il se contenta de rejeter rapidement cette idée. Il ne croyait pas les gens capables de retenir une URL spéciale, et il voulait leur simplifier les choses autant que possible. Selon lui, si une publicité Apple éveillait l'intérêt d'une personne, cette dernière irait instinctivement sur apple.com. Et si la société dépensait assez d'argent pour diffuser un spot, il était évident que sa page d'accueil afficherait bien en vue le lien vers la page consacrée au sujet en question.

Retenez cette leçon et regardez toutes les autres publicités à la télévision et dans la presse. Observez les affiches dans la rue aussi. Vous devriez voir des URL plutôt compliquées, conçues pour vous conduire vers une page particulière et pour permettre à l'entreprise d'identifier l'origine de ses visiteurs. Steve refusait de compliquer la vie de ses clients juste pour pouvoir collecter des données sur leurs déplacements. Sa préoccupation première était de leur faciliter la vie. Apple est au service de ses clients, et non l'inverse.

Steve Jobs n'aurait pas aimé être ainsi manipulé par une société, c'est pourquoi il n'a jamais imposé cela à ses clients.

Le poids des mots

Malgré l'idée largement répandue que Steve Jobs n'était pas particulièrement attentionné envers autrui, il tenait compte du fait que je vivais à New York, à trois fuseaux horaires de Cupertino. Aussi, à une heure du matin, j'étais quasiment sûr de ne plus recevoir d'appels de Steve. Toutefois, si j'envoyais un e-mail à cette heure tardive, je lui faisais savoir que je n'étais pas encore couché. Je devais donc y réfléchir à deux fois avant de cliquer sur le bouton Envoyer d'un message destiné à Steve, autrement je risquais de recevoir immédiatement un appel qui m'aurait engagé dans une longue discussion à propos d'une publicité ou du sujet qu'il avait en tête.

Steve Jobs aimait participer aux projets créatifs, ce qui l'incitait à donner son opinion sur chaque mot et chaque image. Un soir, du temps des débuts de l'iMac, j'ai envoyé l'un de ces e-mails nocturnes, qui a aussitôt engendré un appel de Steve. Malgré l'heure tardive, nous avons passé plus d'une heure à revoir les seize pages d'une brochure iMac qui devait partir chez l'imprimeur.

De tous les types d'échanges que j'ai eus avec Steve, ce sont ces conversations que je préférais. Il n'y avait que nous deux, sans distractions ni limite de temps, à discuter du bon emploi des mots. D'une certaine façon, composer un long texte s'apparente à compléter un puzzle. C'était à la fois intéressant et amusant de discuter du choix du vocabulaire, du sens implicite des mots et des locutions, et des différences parfois infimes entre deux expressions similaires. Sans surprise, Steve Jobs s'intéressait surtout à ce que le lecteur moyen pourrait comprendre du texte.

Ce soir-là, nous avons relu le texte, page par page et phrase par phrase. Steve avait une remarque ou une question à presque toutes les phrases. Tantôt nous parlions d'un changement majeur, tantôt nous entamions un débat sur l'emploi de « un » à la place de « le » dans une phrase. Ces débats n'étaient jamais enflammés. C'était seulement des conversations intelligentes sur la meilleure façon de clarifier notre message marketing. À mesure que la conversation s'éternisait, nous procédions à quelques compromis. Si nous rencontrions une question sur laquelle nous restions en désaccord, il disait : « Très bien, tu me concèdes la dernière correction, et je te laisse trancher sur celle-ci. »

Steve Jobs avait la sensibilité d'un artiste tout en étant extrêmement pointilleux sur les détails, conformément à sa légende. S'il discutait l'emploi d'une lettre, ce n'était pas par besoin de tout contrôler, mais parce qu'il jugeait que c'était important. Pour lui, il n'existait pas de détail insignifiant.

Comme je l'ai dit plus tôt, pour le choix des noms de produits, Steve cherchait des suggestions en interne et auprès de son agence publicitaire. Il exigeait que les noms fussent conformes à la logique suivie par la société pour la dénomination de ses produits, mais il insistait tout autant sur l'aspect artistique : les noms devaient bien sonner. Même un nom aussi évident que « iMovie » a fait l'objet de débats pendant des semaines.

Apple s'évertue inexorablement à envoyer à ses clients un message de Simplicité, avec chaque produit qu'elle crée comme avec chacun des mots qu'elle choisit.

Chapitre 7
Agir sans formalité

Nous faisions route vers l'aéroport de San Jose, à bord de la voiture louée par l'agence, afin de nous envoler pour Los Angeles. Cela faisait à peine cinq minutes que nous avions quitté les bureaux d'Apple lorsque mon téléphone mobile sonna. C'était Steve Jobs.

« Écoute, j'ignore qui est ce type et pourquoi vous l'avez amené avec vous, mais je ne paierai pas un sou pour sa prestation, déclara-t-il. Et je ne veux plus jamais le voir chez Apple. »

Nous sortions en effet d'une réunion qu'on pouvait qualifier de ratée. Le plus gênant était que l'agence avait passé deux semaines à la préparer.

Le fautif ? Un planneur stratégique, que nous appellerons Hank pour ne pas nuire à sa carrière. Dans la publicité, les planneurs représentent le point de vue des consommateurs, par opposition à celui de l'agence ou du client. Ils sont censés discerner les aspirations des consommateurs pour nous aider à trouver les messages qui sauront les pousser à l'achat.

Le rôle du planneur consiste à condenser toutes les informations recueillies en une forme assimilable qui va guider les créatifs dans la réalisation de la publicité la plus convaincante.

Ils jouent aussi un rôle essentiel dans l'élaboration des stratégies marketing sur lesquelles repose le travail créatif.

Hank venait juste d'être embauché chez nous. C'était un type brillant qui avait déjà fait ses preuves dans l'une des agences les plus créatives du pays, avec des publicités qui ont rencontré le succès grâce à son intervention. Au vu de ses exploits passés, l'agence l'avait accueilli à bras ouverts.

Sa première mission chez nous était de faire un audit de marque pour Apple. Il devait évaluer la notoriété de la marque Apple au sein de différents groupes démographiques et de différentes communautés ethniques. Sa récompense était le privilège de présenter les résultats de son étude à Steve Jobs en personne.

Hank avait deux semaines pour faire son travail, aussi s'est-il jeté la tête la première dans cette étude. Il se réjouissait à l'avance de rencontrer Steve Jobs et était déterminé à faire tout son possible pour l'épater.

Méfie-toi de tes rêves, Hank, ils pourraient se réaliser !

Une semaine avant notre déplacement chez Apple, Hank m'a demandé de jeter un œil à sa présentation en tant que fin connaisseur de Steve et de ses probables réactions. J'étais débordé ce jour-là et ai donc remis cela au lendemain. Hélas, nos emplois du temps n'ont jamais coïncidé. Jour après jour, nous nous sommes ratés, et sommes finalement arrivés chez Apple sans que j'aie eu le temps de regarder la présentation. Je n'étais pas particulièrement inquiet pour autant, car Lee Clow avait travaillé avec Hank. J'allais donc découvrir la présentation en même temps que Steve.

Nous sommes arrivés dans la salle du conseil d'Apple avec un quart d'heure d'avance. Hank portait un immense carton contenant les planches de sa présentation et il a tout de suite commencé à les disposer dans la salle. Le fait qu'il eût une installation à faire était le premier signe que quelque chose n'allait pas.

Il a sorti un graphique grand format, puis un tableau avec des tas de chiffres illustrés de photos des différents types de consommateurs. J'ai commencé à grimacer, sachant que Steve n'était pas fan de ce genre de présentations, typiques des grandes entreprises. J'ai regretté de ne pas avoir eu le temps de rencontrer Hank durant la semaine écoulée, parce que tout cela me semblait de plus en plus risqué ; et j'entrevoyais déjà l'issue fatale.

Une fois l'installation terminée, quatre grands panneaux ornaient le mur ; et Hank se tenait debout devant ses œuvres, en train de se préparer mentalement. J'ai failli dire quelque chose, mais il était déjà trop tard. Alors, j'ai fait ce qu'aurait fait tout publicitaire courageux : m'asseoir hors de la ligne de tir !

Lorsque Steve Jobs est arrivé, Lee Clow lui a présenté le nouveau membre de l'équipe. Il a résumé brièvement le parcours de Hank et expliqué qu'il avait travaillé dur sur cet audit de marque, afin de réaliser une étude que l'agence n'avait jamais faite mais qu'elle aurait probablement dû faire plus tôt. Steve hochait la tête, par politesse plus que par conviction.

Le mur avec les panneaux se trouvant derrière Steve, celui-ci a fait pivoter sa chaise à moitié pour voir la présentation. Son langage corporel était fascinant à regarder. Pleinement attentif au début, minute par minute, il s'enfonçait plus profondément dans son siège. Il s'ennuyait, de toute évidence. Si tout cela n'avait pas été recommandé par Lee Clow, il se serait montré beaucoup moins courtois.

Son respect pour Lee l'a sans doute retenu de mettre fin à la présentation, mais cela ne l'a pas empêché de couper la parole de Hank. Après quelques minutes seulement, il a commencé à l'interrompre par des questions. Plus il devenait évident que Steve n'était pas convaincu, plus Hank paraissait mal à l'aise.

Un peu plus tard dans son exposé, Hank a présenté à Steve les groupes démographiques étudiés dans différentes villes. « Nous sommes même allés dans le ghetto de Harlem demander aux gamins sur les terrains de basket ce qu'*ils* pensaient d'Apple. »

Steve l'a interrompu une fois de plus. « À quoi bon leur demander ? a-t-il demandé. Ils n'ont pas d'argent ! »

Cette remarque était la manifestation sinon de son cynisme, du moins de son agacement croissant d'avoir à écouter une présentation qu'il jugeait inutile. Hank a cherché une réponse, et Steve s'est affalé dans son siège au point de se trouver pratiquement à l'horizontale. Il se tenait la tête d'une main de telle manière qu'il regardait la présentation entre les doigts qui lui couvraient les yeux. Il était désormais franchement consterné.

Lee a compris qu'il lui fallait réagir de suite, pour éviter que ce jeune homme brillant ne s'en trouvât terrorisé à vie.

Il a donc interrompu Hank pour expliquer à Steve que nous voulions l'informer de cette étude parce que nous pensions qu'il était important que nous comprenions tous exactement l'image actuelle d'Apple et que cela pouvait avoir une influence sur les messages que nous diffusions. Steve a écouté, mais on voyait bien qu'il n'était pas convaincu. En fait, il était de plus en plus irrité que nous lui fassions ainsi perdre son temps.

Il a regardé Lee avec une expression d'incompréhension et a soupiré.

« OK, peu importe, a lâché Steve. Montrez-moi vos publicités. » C'était comme si Hank n'existait plus. Il n'avait pas fini sa présentation, mais Steve en avait fini avec lui. De toute évidence, son partenariat privilégié avec Steve Jobs n'irait jamais au-delà de ces quelque vingt minutes-là.

C'était un mauvais point pour l'agence, parce qu'elle s'était autorisée à tomber dans le piège du comportement d'une agence publicitaire typique, du genre que Steve Jobs n'aimait pas du tout. Pour lui, de telles présentations, ce n'était rien d'autre que de l'esbroufe destinée à vendre du style plus que de la substance.

Steve était malade de voir en vingt diapos ce qui aurait pu être exprimé en trois phrases. Son temps était trop précieux pour ça. Il préférait un exposé direct avec des faits plutôt qu'une belle présentation. Laquelle l'aurait d'ailleurs incité à penser que l'on cherchait à étoffer le peu de faits que nous avions, et que notre temps était davantage consacré à présenter joliment l'idée qu'à la creuser.

Pour mettre Steve à l'aise, il valait mieux se contenter d'un échange sincère d'idées autour d'une table et d'un tableau blanc. Il s'opposait à tout ce qui donnait un aspect formel aux relations, de crainte qu'Apple ne commençât à adopter le comportement typique d'une grosse entreprise.

Il aimait que l'atmosphère dans la pièce fût détendue au point de pouvoir poser ses pieds nus sur la table, comme je l'ai parfois vu faire.

Des présentations sans peur

Un projet débute généralement par un briefing.

Certains briefings sont du genre formel, rigide et ennuyeux tandis que d'autres sont faciles à suivre et instructifs. La Complexité excelle à transformer le briefing en torture. La Simplicité, au contraire, clarifie les choses et donne à chacun une idée juste de sa mission.

Au cours de mes années de collaboration avec Apple, j'ai été impliqué dans plus de vingt lancements de produits. Certains, dirigés par les chefs de produits, avaient pour but d'informer les équipes qui allaient travailler sur le packaging et les pages Web des produits.

Ces présentations étaient brèves et interactives. On n'y trouvait pas de traités de marketing ni de longues listes des caractéristiques des produits. C'étaient juste de petits groupes de personnes intelligentes réunies dans une atmosphère détendue pour s'informer sur un produit et découvrir ses avantages.

Les chefs de produits étaient présents pour répondre à toutes nos questions. Nous en ressortions avec une bonne idée du positionnement du produit et la motivation de nous tuer à la tâche.

Il est arrivé plusieurs fois à Steve Jobs en personne de nous faire un briefing pour le lancement d'un nouveau produit, à l'occasion de nos réunions bimensuelles. Sachant qu'il détestait assister à des présentations formelles, vous vous demandez sûrement ce que cela donnait quand il en faisait la présentation.

Il n'y avait aucune diapo, aucun document à emporter ni aucune stratégie formalisée. C'était juste une conversation. Parfois, le produit était présent dans la pièce avec nous, mais pas toujours. Steve Jobs se contentait de partager son point de vue sur l'intérêt du produit, sur son fonctionnement et sur ses particularités. Au besoin, il se mettait au tableau pour illustrer sa démonstration. Dans les faits, Steve remplaçait un diaporama à lui seul. Il n'y avait pas de méthode plus efficace de découvrir la philosophie d'un produit que de l'entendre de la bouche du P-DG lui-même.

Une fois que nous avions compris le produit, l'agence avait quasiment carte blanche pour trouver la manière la plus efficace de le présenter au public. La confiance que Steve accordait à l'agence contribuait à nous stimuler. Il nous avait choisis parce qu'il nous savait brillants, et il attendait de nous que nous le prouvions à chaque mission. Pourquoi nous aurait-il gardés s'il avait eu besoin de nous tenir la main ?

Comparons maintenant les méthodes d'Apple avec la manière dont les autres sociétés de haute technologie briefent leurs partenaires. Pour beaucoup, plus le projet est important, plus le briefing prend une tournure formelle. Chez Dell, Intel et IBM, le lancement formel d'un projet pouvait tourner à la superproduction, en impliquant parfois plusieurs agences. Il n'était pas rare de voir de tels briefings se tenir dans une salle de la taille d'un amphithéâtre !

Quand je me trouve coincé dans une très grosse réunion et que plus rien ne retient mon attention, je m'amuse à compter les participants. Mon record s'élève à trente-deux, avec le groupe Particuliers de Dell. C'était une réunion destinée à présenter à diverses équipes la campagne à mener pendant les vacances d'été. La réunion nous a retenus une journée entière.

Malgré les bonnes intentions de Dell, ça n'a pas servi à grand-chose, sinon à faire perdre leur temps à trente-deux personnes, dont beaucoup venaient de loin. Ce briefing a quand même engendré la création de plusieurs réunions de consommateurs dans le Midwest, ce qui impliquait des déplacements supplémentaires pour certains. Au final, Dell décida de ne rien faire d'autre que rediffuser d'anciennes publicités, adaptées avec des images estivales. Si l'on compte les frais de transport et d'hébergement, le coût de cette grosse réunion et des tests de consommateurs qui en découlèrent a dû être colossal.

Durant toutes mes années passées auprès d'Apple, en tant que consultant et directeur de création de l'agence, je n'ai jamais assisté à une réunion aussi formelle. Je n'ai même jamais assisté à une réunion surpeuplée. Quelque chose dans le sang de Dell semble y obliger, et quelque chose dans les gènes d'Apple l'interdit.

Quand vous sortez d'un briefing de cette taille, vous êtes en général chargé d'une pile de documents décrivant l'un ou l'autre aspect du projet. Quand vous sortez d'un briefing produit chez Apple, vous avez au maximum un document de deux pages. La Simplicité aime aller à l'essentiel.

Ceux qui assistent à une présentation pompeuse et indigeste retournent rarement à leur bureau avec l'envie de changer le monde. La plupart préfèrent plutôt se diriger vers le bar le plus proche ! Ce n'est pas ainsi que l'on suscite le génie. Dans ces réunions, il s'agit juste de cocher des cases pour s'assurer que rien n'a été oublié. Elles sont plus utiles aux présentateurs qu'aux participants.

Mon propos n'est pas de blâmer Dell en particulier. C'est un problème récurrent dans beaucoup de grandes entreprises, comme vous le savez peut-être. Quand on travaille au sein d'un groupe imposant, on a l'impression d'être un rouage de la machine. Pour le briefing de leurs partenaires, les grosses entreprises se contentent souvent de suivre un modèle qui a produit des résultats acceptables par le passé.

Les modèles ne sont pas mauvais en eux-mêmes. En interne, Apple aussi suit un modèle pour la tenue de ses briefings. La différence est que ce modèle est fondé sur la Simplicité. L'idée est de fournir à un petit groupe de personnes intelligentes l'information dont elles ont besoin pour produire le meilleur travail possible.

Trop de formalité tue

Lorsque Steve Jobs montait sur scène, il forçait l'attention de tous. La presse en parlait pendant des semaines. Il n'est donc pas étonnant que son style de présentation ait fait l'objet d'innombrables livres et articles.

Toutefois, puisque la plupart d'entre nous n'ont pas à présenter dans les mêmes conditions que Jobs (sur scène, devant les caméras et cinq mille spectateurs), nous avons plus intérêt à savoir faire une présentation *à* Steve Jobs. Si une personne du niveau de Jobs trouve un moment dans son emploi du temps bien rempli pour vous laisser lui exposer une idée, comment utiliserez-vous ce temps ?

Steve n'avait pas beaucoup de patience. Il était extrêmement critique et n'hésitait pas à vous interrompre. Si vous étiez capable de capter l'attention de Steve par votre présentation, j'imagine que vous pourriez faire de même auprès de n'importe qui.

Le plus important était de ne pas lui faire perdre son temps. Ceux qui dirigent une grande entreprise n'en ont déjà pas beaucoup, alors imaginez pour ceux qui en dirigent deux, comme Jobs à l'époque... Cette considération est à votre avantage, parce que la Simplicité tire son pouvoir de la concision. La Simplicité aide à s'exprimer de façon directe, sans passer par des justifications tortueuses.

Du temps de NeXT, j'ai pris une bonne leçon en faisant une présentation à Steve, une leçon qui contredisait tout ce que j'avais appris jusqu'alors de mes maîtres en publicité. Elle a changé pour toujours la façon dont j'aborderais Steve par la suite, et dont je présenterais à tout client suffisamment imprudent pour m'impliquer dans un projet.

L'équipe de l'agence s'était déplacée pour échanger des idées avec Steve concernant une série de publicités dans la presse. Comme d'habitude, nous avions quelques minutes dans la salle de conférence avant l'arrivée du patron. C'est à ce moment que j'ai procédé à une petite préparation pour mon exposé. De mon carton à dessins, j'ai sorti les trois publicités que nous allions présenter, chacune collée sur un grand carton noir, créant ainsi un bel effet d'encadrement. Comme il était de coutume pour la présentation de publicités, j'ai posé mes cartons face contre table sans vraiment y réfléchir. J'imaginais que nous allions discuter et qu'au moment opportun, je retournerais les planches une par une.

Juste à l'heure, Steve est entré dans la salle et s'est installé en face des trois cartons. Je débutais à ce poste mais commençais à me sentir à l'aise dans ce rôle. Steve était devenu plus chaleureux avec l'agence et avec moi. Nous avions beaucoup de travail, mais c'était motivant et amusant.

La réunion a débuté et le directeur du compte a pris la parole. Est venu ensuite mon tour. Je me suis lancé dans le numéro que j'avais répété moult fois durant les dernières vingt-quatre heures. J'avais prévu de commencer par résumer la stratégie afin que Steve pût saisir comment chaque publicité y répondait de manière légèrement différente. J'étais fier de mon travail et impatient de le montrer.

Après les trois premières phrases de mon introduction, Steve m'a sauté sur le poil. En un clin d'œil, son intérêt s'était transformé en irritation.

« Montre-moi les publicités, c'est tout ! a-t-il dit. Est-ce que tu vas venir m'expliquer les choses quand je lis le journal le matin ? » Il s'est alors penché pour retourner les trois cartons. Il les a regardés un moment, s'imprégnant de leur contenu sans avoir entendu mes explications.

Steve savait parfaitement sur quoi nous travaillions. Il connaissait la raison d'être et l'objectif de ces publicités. Il n'avait pas besoin de la moindre explication avant de les voir.

Ce dont Steve n'avait pas besoin à ce stade, c'était d'une présentation formelle. Son attitude signifiait : « Arrêtez de vous comporter comme des publicitaires et contentez-vous de me parler. »

La Simplicité va droit au but pour se concentrer sur ce qui est important. Sans vouloir vous vexer, sachez que les beaux discours que vous préparez sont pour l'essentiel superflus. Les gens ont tendance à croire qu'en allongeant leur discours, ils vont démontrer leur compétence, alors que c'est souvent le contraire. Ceux qui savent communiquer avec concision paraissent plus compétents et sont plus appréciés par les décideurs dont le temps est précieux.

Pour Steve Jobs, la présentation que nous avions commencée était typique d'une réunion entre une grande agence et une grande entreprise. Il voyait notre mise en scène comme une forme de manipulation. Il voulait juger nos idées sur leurs mérites et non sur notre opinion face à ces réactions. Plus la présentation était formelle, plus Steve se montrait méfiant.

La frontière est mince entre amener les clients à une conclusion et les prendre pour des idiots. Steve a dû se sentir manipulé, ce qui expliquerait sa réaction. La meilleure approche avec lui était de simplement exposer les faits et d'entamer la discussion. Nous pouvions alors exprimer notre opinion et insister en faveur de la solution que nous préconisions.

Sous de nombreux aspects, une présentation formelle crée une barrière. Le fait qu'elle se termine par « Avez-vous des questions ? » n'implique pas qu'elle encourage la discussion. En fin de compte, la plupart de nos activités professionnelles se résument à des relations. Une présentation moins formelle avec un débat sincère contribue à renforcer les relations et à obtenir de meilleurs résultats.

Dans la salle de conférence, le style était informel avec Steve Jobs, parce qu'il considérait ces réunions comme des sessions de brainstorming. Même quand nous venions pour montrer un travail fini, ce dernier faisait l'objet de discussion et était disséqué avant la fin de la réunion. Steve réservait les présentations formelles à ses prestations sur scène pour l'annonce d'un nouveau produit Apple.

Chez Apple, les événements pour des lancements étaient laborieusement chorégraphiés et répétés à la seconde près. Il y avait un plan de secours en prévision de tout ennui technique. Même dans une mise en scène planifiée aussi soigneusement, le côté informel de Steve restait visible.

Si vous avez l'occasion de regarder le diaporama conçu pour l'une des présentations publiques de Steve Jobs sans sa présence pour vous guider, vous serez surpris de son extrême simplicité. C'est clair et direct. En effet, l'objectif de Steve était d'orienter le public vers sa conclusion, et il le faisait de la façon la plus directe. Sur ce point, il suivait les règles classiques d'une bonne présentation : annoncer le programme, présenter les faits pour chaque sujet, puis récapituler chaque thème avant de passer au suivant. À la fin, il résumait une fois de plus les points forts de sa présentation. S'il voulait que vous reteniez une idée, il la répétait encore et encore.

Steve Jobs s'acharnait pendant des semaines à répéter et à perfectionner ses prestations médiatisées pour s'assurer que le monde verrait ce qu'il voulait lui faire voir. À cet égard, ces événements étaient formels. Mais Steve n'était pas un présentateur appliqué au sens traditionnel. Il ne se tenait pas droit et parlait vite sans articuler. Il s'exprimait avec la passion d'un jeune homme de 20 ans et avec la sagesse d'un quinquagénaire. Le public était en phase avec lui, malgré toute cette préparation (et dans une certaine mesure, grâce à elle), parce qu'il voyait plus un orateur ordinaire qu'un P-DG sur scène.

Jobs communiquait de la même manière avec ses employés et ses partenaires. Je ne l'ai jamais entendu demander à l'agence de faire une présentation formelle : il nous demandait juste de briller par notre génie.

Chapitre 8
Penser avec humanité

Arrivé à la quarantaine, Steve Jobs avait ressenti (presque) toutes les émotions possibles en travaillant avec un nouvel ordinateur. À différents moments, il avait été ébahi, fier, furieux, fasciné, frustré, inspiré ou révolté.

Aussi, lors d'une conversation nocturne au téléphone, je fus surpris de l'entendre calme et songeur. « C'est la première fois qu'un ordinateur me fait pleurer », me confia-t-il.

Quelques heures plus tôt, il s'était assis face à un prototype d'iMac pour essayer iMovie, un nouveau logiciel qui allait bientôt sortir. Cette séance le métamorphosa. Il importa des vidéos de ses enfants depuis son Caméscope, sélectionna les meilleures séquences, ajouta des transitions et des titres, choisit un fond sonore et réalisa un film qui l'émut aux larmes.

Il me raconta qu'en le montrant à sa femme, ils étaient tous bouleversés. Selon lui, c'était l'un des meilleurs produits jamais créés par Apple. Il s'émerveillait de sa Simplicité.

Pour apprécier cette anecdote, rappelez-vous le contexte de 1999. En ce temps-là, YouTube n'existait pas encore, mais les Caméscopes étaient très répandus dans les foyers. Les vidéastes amateurs empilaient des cassettes vidéo dans des tiroirs, mais peu savaient comment les exploiter pour réaliser des films à montrer à leurs proches.

iMovie allait changer cela. Steve trouvait incroyable que la technologie pût procurer de telles émotions. Il s'était confié à moi parce qu'il pensait que ce serait bien si nous pouvions rendre ce genre d'émotion dans les publicités iMovie que nous allions réaliser.

En conséquence directe de ce coup de fil, l'agence a conçu une publicité analogue à l'anecdote de Steve. Nous l'avons appelée *Crying Man*, parce qu'elle montrait un homme en train de s'essuyer les yeux pendant qu'il regardait quelque chose en dehors du cadre. On entendait le fond sonore de sa vidéo et l'on voyait qu'il était captivé, mais il fallait attendre la fin pour voir qu'il regardait une vidéo de sa fille, dans un montage qu'il avait réalisé lui-même sur son iMac. On pouvait difficilement faire plus émouvant que cela, pensions-nous.

Après de longues recherches, nous avons trouvé un acteur d'allure paternelle, qui était jeune, séduisant et capable de pleurer à la demande. Nous avons tourné le spot. Mais ce fut seulement au montage que nous avons compris notre terrible erreur. Sans contexte, le spot avait l'air de raconter l'histoire d'un père en pleurs, anéanti par la perte de sa fille, qui réanime sa mémoire en vidéo. Pas tout à fait le message stimulant que nous avions envisagé !

Heureusement, nous avons vite trouvé moyen de démontrer les mérites d'iMovie sans cette tonalité macabre. Nous avons utilisé une vidéo amusante fournie par un dirigeant d'Apple qui avait filmé son fils faisant des bonds sur un lit au son de la chanson *Forever Young* de Bob Dylan. Avec ce spot, Apple a été le tout premier annonceur à utiliser un enregistrement original de Dylan. Ce détail comptait énormément pour Steve, du fait que la musique de Dylan l'avait beaucoup influencé dans sa jeunesse.

Le projet iMovie a révélé un aspect de Steve Jobs qui allait bientôt devenir plus visible. Il avait toujours été fier de la capacité d'Apple à être proche des gens mais, dorénavant, la société prenait une direction dans laquelle elle les toucherait davantage par les sentiments. Avec du recul, iMovie n'était que le premier pas dans cette direction. Les années suivantes, Apple a fait un art des liens émotionnels en rapprochant les clients de leurs musique, photos et vidéos, les rapprochant de leurs parents et amis, et même de la technologie grâce aux commandes tactiles et vocales.

Innovation après innovation, Apple a prouvé que la forme la plus puissante de Simplicité est celle qui touche directement notre côté humain.

Technologie et émotions

Dès ses débuts, Apple a eu du succès parce que ses produits reflétaient les valeurs humaines. (Passons outre la période sinistre sans Steve Jobs, durant laquelle la société commençait à perdre ses valeurs.) Alors que les PC nous obligeaient à penser comme des machines, le Macintosh nous permettait de penser comme des êtres humains. C'était plus simple.

Durant la dernière décennie, la marque de Simplicité d'Apple s'est mise de plus en plus à l'écoute de notre nature humaine. En s'adressant à nos émotions, notre amour de l'art et du design, les inventions d'Apple sont devenues, mieux que de simples objets fonctionnels, de véritables objets du désir. À tel point que les clients sont prêts à faire la queue une demi-journée pour les acquérir !

C'est l'iPod, son premier appareil portable grand public (si l'on fait abstraction du PDA Newton), qui a aidé Apple à prendre ce tournant.

Il y avait déjà un large choix sur le marché des baladeurs numériques. La Complexité dominait, chaque appareil fonctionnant selon ses propres règles. Aucune société n'avait réussi à s'imposer sur ce marché, elles étaient toutes en concurrence pour se creuser une niche. N'ayant jamais vu Apple manquer de confiance en elle, j'imagine qu'en étudiant le marché, la société s'est sentie comme le personnage joué par Charlton Heston au début de *La Planète des singes*. En regardant une tribu d'humains primitifs, ce dernier dit : « Si c'est ce qu'on fait de mieux par ici, dans six mois nous serons les maîtres de cette planète ! »

Apple était persuadée que le secteur des baladeurs numériques avait surtout besoin de Simplicité et que l'entreprise qui pourrait l'apporter serait bientôt en situation de dominer ce marché. C'est une idée pertinente, qui a permis à Apple de distancer ses concurrents loin devant. Steve Jobs expliquait en 2006 dans une interview à *Newsweek* :

> *Nous avions les compétences pour le matériel, le design industriel et l'aspect logiciel, notamment avec iTunes. Notre meilleure intuition fut de ne pas essayer de confier la gestion de votre bibliothèque musicale à l'iPod mais à iTunes. Les autres sociétés voulaient tout faire sur l'appareil, ce qui le rendait tellement compliqué qu'il en devenait inutilisable.*

En éliminant la Complexité, Apple a créé un appareil qui a rapproché les gens de leur musique. Ce dernier convenait mieux aux êtres humains, en supprimant la barrière de la technologie.

Avec l'iPod, Apple a acquis des compétences techniques en miniaturisation et en conception d'interface qui ont ouvert la voie vers d'autres appareils davantage centrés sur l'humain. Avec son écran tactile et son interface intuitive, l'iPhone n'a rien à voir avec le BlackBerry, pour la bonne raison qu'il ne nous demande pas de penser comme une machine. De même, l'iPad a bouleversé le marché des ordinateurs pour les mêmes raisons.

Mais la plus humaine de toutes les technologies Apple était encore à venir. Avec Siri, l'assistant intelligent introduit sur l'iPhone 4S, Apple est allée encore plus loin que l'écran tactile, ajoutant toujours plus d'humanité à ses produits. Siri répond à la voix humaine : son intelligence artificielle analyse nos paroles pour exécuter une série d'actions. Demandez à Siri si vous aurez besoin d'un parapluie aujourd'hui, et il détermine votre emplacement, puis consulte les prévisions météo pour fournir une suggestion. Il est clair que c'est là que réside l'avenir de nos relations avec la technologie, des téléphones aux télévisions en passant par les ordinateurs. Selon les prédictions des films de science-fiction, nous aurons bientôt des conversations avec nos appareils domestiques. Espérons que cela se passera mieux qu'avec HAL dans *2001 : l'Odyssée de l'espace* !

Le génie d'Apple est sa capacité à voir un potentiel humain là où les autres sociétés ne voient rien, couplée à ses compétences en design et en ingénierie qui lui permettent de concrétiser sa vision. Parfois, comme dans le cas de l'iPod et du marché des baladeurs numériques, l'idée ne vient pas d'Apple. Il se peut que le concept existe déjà mais qu'il y manque une chose : la Simplicité. Et c'est cela qui fait toute la différence…

Les côtés humains de Steve Jobs

Si Steve Jobs avait autant foi dans le pouvoir de la Simplicité, et si elle tient une telle place dans la nature humaine, pourquoi se comportait-il en maniaque tyrannique ?

Tout est question de perception. Personne ne nie que Steve fût incroyablement exigeant, d'une sévérité implacable et carrément terrifiant quand il s'emportait. L'essentiel pour lui était que les choses avançassent tous les jours. Et celui qui n'y aidait pas s'attirait des ennuis.

Mais sa personnalité possédait deux facettes : d'un côté, le Steve impitoyable, acharné et autoritaire, et de l'autre, le Steve stimulant, charmant et profondément humain. C'était cette combinaison qui le rendait si fascinant, et qui a poussé tant de personnes à lui consacrer leur énergie, et une bonne partie de leur vie, en suivant sa vision.

Bien que n'ayant pas de patience pour les imbéciles, Steve mettait toute sa confiance dans ses équipes pour résoudre des problèmes impossibles et créer d'étonnantes machines. Son rôle était d'instaurer les bonnes conditions pour que cela se réalisât. Il s'y prenait en poussant les gens à réaliser leur potentiel et en encourageant le travail d'équipe, qu'il considérait essentiel à la réflexion créative.

Pour la construction des nouveaux locaux de Pixar, Steve Jobs a imaginé des espaces communs où les gens pouvaient se croiser et se réunir spontanément pour discuter. Il expliquait en 2004 dans une interview à *BusinessWeek* :

> *Les procédures vous rendent plus efficace. Mais l'innovation vient des personnes qui se rencontrent dans les couloirs et s'appellent le soir à 10h30 avec une nouvelle idée ou parce qu'elles ont compris que notre façon d'aborder le problème n'était pas la bonne. Il y a ainsi des réunions improvisées de six personnes, à l'initiative de celle qui pense avoir trouvé une idée géniale et veut connaître l'avis des autres.*

Steve croyait aux hasards heureux, aux rencontres fortuites susceptibles d'engendrer un échange d'idées ou une conversation entre des personnes qui normalement n'ont rien à voir les unes avec les autres.

Parallèlement à ses légendaires éclats de colère, Steve pouvait se montrer d'un grand soutien. Certains de ses compliments semblaient sortir tout droit de son champ de distorsion de la réalité : « C'est le plus formidable lancement de toute l'histoire de l'informatique ! » Nous savions que ce n'était pas tout à fait exact, mais le fait qu'il arrangeât la réalité à notre intention nous procurait un sentiment de réconfort plutôt grisant.

Nous aurions été choqués s'il nous avait demandé de travailler plus dur qu'il ne le faisait lui-même. Mais cela n'arrivait pas, car il nous demandait seulement de fournir autant d'efforts que lui. Je ne sais pas comment il y parvenait, mais les années suivant son retour chez Apple, il était P-DG d'Apple trois jours par semaine, de Pixar deux jours par semaine et des deux sociétés le week-end. Il lui arrivait parfois d'être injoignable lorsqu'il avait promis d'emmener sa famille au cinéma.

(Steve a confié plus tard à son biographe Walter Isaacson que son cancer venait de l'épuisement extrême engendré par sa double fonction. Isaacson, quant à lui, signale qu'il n'est pas prouvé que le cancer soit causé par l'épuisement physique ou par un affaiblissement du système immunitaire.)

Pour preuve du côté humain de Steve Jobs, voyez ce qu'il a créé. Lorsque l'on voit ses innovations utilisées dans les hôpitaux, les ateliers d'art, les universités et les écoles, on comprend bien ce qui le faisait vibrer.

Un hommage à la déraison

Nous avons vu plus haut que la campagne *Think different* a été le premier effort de promotion commandé par Steve Jobs après son retour chez Apple en 1997. Le spot que nous avons réalisé pour le lancement de la campagne, intitulé *The Crazy Ones*, cherchait à exprimer la philosophie d'Apple.

Une fois le spot terminé, le chef de Chiat, Lee Clow, pensait que la seule personne au monde capable d'en faire la narration avec conviction était Steve Jobs. C'était une bonne idée, mais nous ne savions pas ce que cela pourrait donner avant d'essayer. Aussi, un jour, je me suis déplacé à Cupertino en compagnie d'un ingénieur du son pour enregistrer Steve en train de lire le texte. Nous nous sommes installés dans l'auditorium d'Apple. Lorsque Steve est arrivé, il a dit qu'il ne croyait pas que ce fût une bonne idée et que, étant très occupé, il ne lirait le texte qu'une seule fois. J'étais donc plutôt satisfait d'avoir pu faire trois prises avant qu'il ne mît fin à la séance. Le soir où nous mettions la touche finale à cette publicité, j'ai tout fait pour convaincre Steve que le spot fonctionnait mieux avec sa voix, mais il a refusé. D'après lui, le fait qu'il lût le script risquait d'engendrer une controverse et de distraire le public du message, qu'il jugeait très important.

Bien qu'il ne voulût pas prêter sa voix au texte *The Crazy Ones*, il l'adorait. Je crois même que ce texte lui donnait des frissons. Il le repassait à chaque événement public majeur, même dix ans après sa première diffusion. Selon Steve, ce texte capturait parfaitement l'esprit de l'entreprise qu'il avait fondée.

Avec le recul, quelques années plus tard, voyant comment Steve Jobs a révolutionné l'informatique, la musique, la vidéo et la téléphonie, il devient évident que ce texte ne décrivait pas seulement Apple, mais aussi son fondateur :

> *Les fous, les marginaux, les rebelles, les anticonformistes, les dissidents, tous ceux qui voient les choses différemment, qui ne respectent pas les règles, vous pouvez les admirer ou les désapprouver, les glorifier ou les dénigrer, mais vous ne pouvez pas les ignorer, car ils changent les choses. Ils inventent, ils imaginent, ils explorent, ils créent, ils inspirent, ils font avancer l'humanité. Là où certains ne voient que folie, nous voyons du génie. Car seuls ceux qui sont assez fous pour penser qu'ils peuvent changer le monde y parviennent.*

Après le décès de Steve Jobs, durant la célébration retraçant sa vie à Cupertino, le P-DG Tim Cook a diffusé l'enregistrement de Steve lisant *The Crazy Ones*. Il était très bon dans ce rôle, et son interprétation différait de celle de Richard Dreyfuss (qu'il n'avait pas entendue). Plus de dix ans après l'enregistrement, la narration de Steve a quitté les coffres de Chiat pour devenir publique sur YouTube. Si vous ne la connaissez pas, allez la voir et l'écouter, elle en vaut le détour.

La rumeur a couru que ce texte avait été écrit par Steve Jobs ou qu'il était l'auteur de la plus grosse partie. En réalité, il a inspiré cette publicité de nombreuses manières en étant totalement impliqué du début à la fin et en apportant de précieuses suggestions. C'est à lui qu'on doit la formule « ils font avancer l'humanité ».

C'est intéressant car je trouve que, dans ce texte, c'est la phrase qui décrit le mieux la vie de Steve. Pour lui, faire avancer l'humanité était beaucoup plus important que d'inventer des trucs sympas. Sa vision s'est matérialisée dans toutes ses innovations, mais il avait des aspirations encore plus élevées : les produits d'Apple avaient pour vocation d'améliorer le monde.

En rendant la haute technologie simple d'emploi, Steve a réussi à faire avancer l'humanité.

L'apprentissage de l'humilité

Les épreuves de la vie façonnent notre caractère. Nous n'avons d'autre choix que de changer quand la vie nous malmène. Il semble que Steve Jobs a été intrépide et mordant à ses débuts et qu'il l'est resté jusqu'au bout. Mais cela ne veut pas dire qu'il n'a pas changé.

Il a toujours été extrêmement passionné et animé d'un fort esprit de compétition, mais trois événements dans sa vie l'ont aidé à relativiser les choses et à rester humain.

Son premier revers de fortune date de 1985, lorsqu'il a été évincé d'Apple. Cet événement est si ancien que peu de monde s'en souvient ou en a même eu connaissance. Certes, c'est de l'histoire ancienne, mais se trouver forcé de quitter l'entreprise qu'il avait fondé l'a durement affecté. C'est compréhensible.

Imaginez-vous à sa place : avec son partenaire, Steve Wozniak, il a lancé la société qui a popularisé l'ordinateur personnel. Il en a fait une multinationale riche à millions, puis a révolutionné à nouveau l'informatique avec le Macintosh, modifiant de façon définitive le fonctionnement des ordinateurs. Face à la croissance d'Apple, il a décidé qu'il avait besoin d'une personne compétente pour gérer les opérations pendant que lui se chargerait d'orienter le développement des produits. Il a personnellement recruté John Sculley, qui a fini par l'éjecter de l'entreprise qu'il avait bâtie, et dans laquelle il avait investi toute son énergie et ses espoirs.

Cela a été la première leçon d'humilité de Steve Jobs, et elle l'a profondément marqué. Il a découvert à cette occasion qu'il n'était pas invulnérable ni infaillible. Il a dû digérer le fait que, confronté à un dilemme, son conseil d'administration préférait se séparer de lui.

Dans un article du magazine *Rolling Stone* de 1994, un collègue commente ainsi le départ de Steve Jobs :

> *Souvenez-vous, c'est un type qui se croyait au-dessus des règles. Maintenant, je crois qu'il a finalement compris qu'il n'est qu'un simple mortel, comme nous tous.*

Comme si l'humiliation personnelle ne suffisait pas, Steve a dû voir Apple décliner au fil des ans, et s'enfoncer davantage avec le passage successif de P-DG qui tentaient vainement de restaurer sa magie. Après ce premier traumatisme, Steve a subi un deuxième événement bouleversant. Contrairement à l'offense instantanée de 1985, cette nouvelle vexation allait croître sur une période de onze ans.

Éjecté d'Apple, Steve Jobs a démarré une autre société en s'assurant cette fois de conserver la majorité des parts. Il l'a appelée NeXT.

Je détiens un scoop sur la façon dont il a trouvé ce nom. L'un de ses associés et amis de longue date, Tom Suiter, était designer à San Francisco, Au moment de lancer sa nouvelle société, Steve l'appela pour lui dire qu'il avait un nom. Ce serait « Two » parce que c'était sa deuxième entreprise. Tom n'était pas convaincu. « Tout le monde va demander ce qui est arrivé à la première », dit-il. Ce à quoi Steve répondit : « C'est bien pour ça que je t'appelle. As-tu une meilleure idée ? »

Peu après, alors que Tom Suiter assistait à un discours de Bill Gates à Seattle, il fut surpris par le nombre d'occurrences du mot « prochain » (*next*) dans la description des nouvelles technologies mises au point par Microsoft. Ce mot lui revenait sans cesse à l'esprit. Plus il y pensait, plus ce mot lui semblait pertinent. Quelques jours plus tard, Tom appela Steve en disant : « Je crois que j'ai trouvé un nom pour ta boîte, c'est "Next". » Après une longue pause, le temps de s'en imprégner, il s'écria avec enthousiasme : « Je l'adore ! »

Il est ironique que le nom NeXT ait été inspiré par un discours de Bill Gates. Le plus étonnant est que ni Steve Jobs ni Bill Gates ne le savait. (Qui pourrait imaginer que Gates fût, même indirectement, responsable d'un tel éclat de Simplicité ?)

Le nom NeXT convenait parfaitement, se rapportant à la fois à la prochaine aventure de Steve après Apple et à la prochaine génération d'ordinateurs qu'il prévoyait de développer. Chez NeXT, Steve devait démarrer de zéro. Il a dû embaucher l'équipe fondatrice, établir un plan d'activités, trouver des partenaires pour le financement et embaucher et motiver de nouveaux employés. Et bien sûr, il lui fallait créer un produit que l'on voudrait acheter.

Contrairement à ceux d'Apple, les ordinateurs de NeXT ne s'adressaient pas au grand public. Cette fois, Steve ciblait les entreprises. Toujours à la différence d'Apple, NeXT n'a pas connu de débuts fulgurants. Les experts s'interrogeaient sur l'utilité d'un nouveau type d'ordinateurs et les clients que NeXT voulait toucher se posaient la même question.

Dans ces conditions, NeXT a dû lutter constamment pour survivre. Il y a eu quelques éclats de génie, et Steve remplissait bien son rôle de vendeur superstar médiatisé, mais la lutte était laborieuse. Au bout de trois ans, Steve Jobs a lancé son premier produit. L'ordinateur NeXT était un élégant boîtier cubique de trente centimètres de côté, rempli de merveilles technologiques largement en avance sur leur temps. Steve a participé personnellement à la formulation des slogans pour le lancement de l'ordinateur NeXT. Au-dessus d'une splendide photo du cube, de l'écran et de l'imprimante, on trouvait ceci :

Dans les années 90, vous allez probablement assister à dix grandes innovations informatiques. En voici déjà sept.

Steve a fait de son mieux pour médiatiser le lancement, en ciblant les journalistes, les analystes et les responsables informatiques. Comme d'habitude, il tâchait d'embobiner tout le monde avec virtuosité.

Toutefois, son pouvoir de persuasion n'a pas si bien fonctionné. Après sept années d'acharnement, Steve Jobs a dû renoncer à son ordinateur pour concentrer son énergie sur le point fort de NeXT : son système d'exploitation innovant, appelé NeXTSTEP. Il a fait développer une nouvelle version de NeXTSTEP capable de tourner sur les PC avec Intel pour vendre sa technologie sur ce marché. Mais les choses ont mal tourné, et la sauce NeXT n'a pas pris. L'ego de Steve a dû en prendre un coup.

De son côté, sans Jobs, Apple ne faisait pas des merveilles non plus. La situation semblait se dégrader de plus en plus à Cupertino. Le système d'exploitation du Mac devenait trop vieux, et Apple avait absolument besoin d'un nouveau système pour contrer les progrès de Windows et espérer perdurer. Après plusieurs années d'échec dans le développement en interne d'un système d'exploitation de nouvelle génération, Apple était convaincue (en grande partie persuadée par Jobs) qu'elle pourrait résoudre ses problèmes en faisant l'acquisition de NeXTSTEP. Apple a donc racheté NeXT en 1996 pour 429 millions de dollars et 1,5 million en actions Apple, avec pour condition d'instituer Steve Jobs au poste de conseiller du P-DG Gil Amelio.

Par un paradoxal coup du sort, les deux leçons d'humilité de Steve, à savoir son éviction d'Apple puis l'insuccès de NeXT, ont finalement fait son bonheur et celui d'Apple.

Steve a mûri à l'école de NeXT. Meilleur gestionnaire, il a appris les lois économiques de l'innovation. Il savait désormais très bien comment attirer des partenaires et forger des alliances. Il a aussi progressé dans l'art de motiver son personnel. Il a appris un peu d'humilité en étant humilié aussi publiquement. Son meilleur atout était la création du système d'exploitation sur lequel allait reposer la technologie Apple, des ordinateurs aux appareils mobiles, pendant plusieurs années.

Ses années à la direction de NeXT ont fait de lui un homme d'affaires plus performant, un dirigeant plus efficace et, du fait de ses épreuves, un homme plus humain.

Lors de son discours durant la remise des diplômes à l'université de Stanford le 12 juin 2005, il est revenu sur ce sujet par ces mots :

> *Je ne m'en suis pas rendu compte tout de suite, mais mon départ forcé d'Apple fut salutaire. Le poids du succès fit place à la légèreté du débutant, à une vision moins assurée des choses. Une liberté grâce à laquelle je connus l'une des périodes les plus créatives de ma vie. ( )*
>
> *Tout cela ne serait pas arrivé si je n'avais pas été viré d'Apple. La potion fut horriblement amère, mais je suppose que le patient en avait besoin. Parfois, la vie vous flanque un bon coup sur la tête.*

Avant ce discours public, Steve Jobs avait reçu une troisième leçon d'humilité, celle qui aurait le plus d'impact sur sa vie : la découverte de sa maladie mortelle.

Rien de tel pour nous ramener à la réalité que d'apprendre que notre vie touche à sa fin. Lorsque sa tumeur au pancréas fut diagnostiquée en 2004, Steve reçut le conseil de « mettre de l'ordre dans ses affaires » parce que son cancer était incurable. Il ne lui restait plus longtemps à vivre.

Et voilà Steve Jobs, père de famille et père spirituel d'Apple, confronté à la proximité annoncée de sa propre fin. Dans son discours à Stanford, il glissa quelques mots sur ce sujet très personnel. Bien que la nouvelle fût terrible, il parvint à en parler de façon objective en signalant ses effets positifs :

> *Avoir en tête que je peux mourir bientôt est ce que j'ai découvert de plus efficace pour m'aider à prendre des décisions importantes. Parce que presque tout – tout ce que l'on attend de l'extérieur, nos vanités et nos fiertés, nos peurs de l'échec – s'efface devant la mort, ne laissant que l'essentiel. Se souvenir que la mort viendra un jour est la meilleure façon d'éviter le piège qui consiste à croire que l'on a quelque chose à perdre. On est déjà nu. Il n'y a aucune raison de ne pas suivre son cœur. ( )*
>
> *Personne ne désire mourir. Même ceux qui pensent aller au ciel n'ont pas envie de mourir pour y parvenir. Pourtant, la mort est un destin que nous partageons tous. Personne n'y a jamais échappé. Et c'est bien ainsi, car la mort est probablement ce que la vie a inventé de mieux. C'est le facteur de changement de la vie. Elle nous débarrasse de l'ancien pour faire place au neuf.*

Finalement, une biopsie a révélé assez tôt que sa tumeur n'était pas mortelle. Il restait de l'espoir. Mais il est impossible de traverser une telle épreuve sans en garder des séquelles. Les circonstances ont voulu qu'il ne recouvrât jamais toute sa santé. Il a ainsi passé plusieurs années à la tête d'Apple en sachant très bien que son temps était compté.

Ses échecs avec Apple et NeXT lui ont appris l'humilité, mais seul son ego était touché. La probabilité de sa mort était une leçon d'humilité beaucoup plus grave. Il était confronté au fait que nous sommes tous mortels et devons réfléchir soigneusement à la manière d'utiliser le temps qui nous reste. Des années plus tôt, Steve avait exprimé son désir de « laisser une trace dans l'histoire ». Ses problèmes de santé ont certainement renforcé cette envie.

Il est difficile de se passionner pour la Simplicité si l'on est insensible aux valeurs humaines et que l'on ne comprenne pas ce qui motive le comportement humain. Le côté humain de Steve est visible dans sa dévotion aux progrès de l'humanité, ce qu'il a démontré durant toutes ses années chez Apple. Il a mis l'ordinateur à portée des gens ordinaires avec l'Apple II. Avec le Macintosh, il a humanisé l'informatique en remplaçant les commandes occultes par une interface graphique. Avec l'iPad, il a rendu l'informatique ludique et intuitive pour les utilisateurs de tout âge.

Ses expériences professionnelles et personnelles, aussi amères furent-elles, ont contribué à le rendre plus sensible à nos espoirs et à nos rêves. Malgré les critiques personnelles lancées par ceux qui étaient en désaccord avec sa vision, Steve était très humain.

Foin du jargon !

La technologie au cœur des appareils d'Apple est d'une incroyable complexité. Les spécialistes pourraient décrire sur des pages et des pages le fonctionnement interne de ces appareils tout simples.

Apple ne le fera jamais. La société préfère communiquer en termes plus humains.

Elle n'a pas décrit le premier iPod comme un baladeur numérique de 184 grammes avec une mémoire de cinq gigaoctets. Elle s'est contentée d'annoncer : « 1 000 titres dans votre poche. » C'est ainsi que s'expriment les êtres humains, et c'est ainsi qu'Apple choisit de communiquer.

Le parler naturel est une caractéristique de la Simplicité. C'est reconnaître que la meilleure manière de toucher les gens est de s'exprimer naturellement, avec le vocabulaire qu'ils utilisent tous les jours.

Cette façon de parler est au cœur de tous les efforts de communication d'Apple et l'a toujours été depuis le début. On a l'impression que c'est facile, mais les publicitaires qui tentent de copier ce style y parviennent rarement.

Pourquoi ? Parce que ce qui a l'air si facile nécessite beaucoup d'efforts. Pour rappel, l'envers de la Simplicité est que, contrairement aux apparences, elle est difficile à atteindre. Voyant ce que fait Apple, nombre de sociétés s'imaginent qu'il leur suffit de claquer des doigts pour exploiter le pouvoir de la Simplicité à leur avantage. Elles commandent une nouvelle campagne publicitaire, établissent un programme stimulant, convoquent une assemblée générale, distribuent des T-shirts ou même accrochent un nouveau panneau dans les salles de conférences, mais au final, rien ne change vraiment.

La Complexité est trop rusée pour laisser une société atteindre la Simplicité par de simples proclamations. Si l'amour de la Simplicité n'est pas inculqué au personnel et gravé dans les produits, si personne n'est récompensé pour ses actes de bravoure en faveur de la Simplicité, le concept ne pourra pas s'implanter.

Alors, comment Apple s'y prend-elle ? Comment parvient-elle à garder le même langage naturel année après année ? Rencontre-t-elle les mêmes obstacles que les autres sociétés ?

Le gros atout d'Apple est que son ton naturel ne date pas d'hier. Cela fait trente ans qu'elle s'y entraîne. Elle communique humainement sans jargon technique depuis si longtemps que c'est devenu une seconde nature. Les clients attendent une attitude humaine de la part d'Apple et la récompensent pour ses preuves d'humanité. Les sociétés qui souhaitent toucher le public sur le même mode qu'Apple peuvent mettre au point des initiatives dans cette direction, mais n'oubliez pas que la Simplicité est une proposition « tout ou rien ». Si la culture de l'entreprise n'est pas en accord avec ce comportement humain, ces initiatives resteront superficielles.

Ayant assisté à d'innombrables réunions marketing chez IBM, Intel et Dell, je peux témoigner d'un fait surprenant. Dans ces réunions, il était rare que personne ne fît au moins une allusion positive aux communications d'Apple. Ces dernières semblent faire office de mètre étalon pour nombre de sociétés afin d'évaluer la clarté et la cohérence de leur message.

Dans d'autres secteurs, les clients ont recours à cette même référence. D'anciens collègues me disent que les clients demandent souvent à leur agence un style plus proche de celui d'Apple.

Sans le savoir, ce qu'ils demandent en réalité est une saine dose de Simplicité. La plupart n'y parviendront pas parce qu'ils cherchent une solution immédiate au lieu d'un changement conséquent. Et comme nous le savons, la Simplicité est plus une affaire d'engagement que de complaisance.

Il faut malheureusement reconnaître que certaines sociétés sont réfractaires à la Simplicité, que leur culture d'entreprise et leurs formalités les empêchent de l'atteindre, quand ce n'est pas le personnel qui n'est pas prêt à franchir ce pas. Même quand elles visent la Simplicité, ces sociétés tendent à retomber dans le confort des anciennes habitudes. Autrement, elles gardent une place pour un vieil ami de la Complexité : le Compromis. Ainsi, les nouvelles méthodes tendent à ressembler de plus en plus aux anciennes et, au final, rien ne change.

Il est naturel que les entreprises soient influencées par leurs comportements passés. Dans le cas d'Apple, c'est une très bonne chose. Cela s'appelle de la cohérence. Le défi pour toute société en quête de Simplicité est de rester cohérente avec ses nouvelles valeurs suffisamment longtemps pour qu'elles s'intègrent à sa culture. Dans le cas contraire, la Simplicité finit par n'être qu'une façade, incapable donc de générer des changements en profondeur.

Le ton naturel d'Apple date du temps où ses produits n'avaient rien de simple. La société a connu le succès et la célébrité en 1977 grâce à l'ordinateur Apple II. À l'époque, le concept d'ordinateur personnel semblait bien lointain. C'était la machine à écrire Selectric d'IBM qui faisait rêver les employés de bureau un peu au courant des avancées technologiques.

La brochure d'Apple conçue pour le lancement de l'Apple II en 1977 portait le titre « La simplicité est la sophistication suprême ». Au bas de la page, avec la même taille de police, venait la conclusion : « Découvrez Apple II, l'ordinateur personnel. »

La plupart des utilisateurs Mac sont allergiques au terme « PC » (*personal computer,* ordinateur personnel). Mais c'est pourtant ainsi qu'Apple appelait ses ordinateurs à l'époque. D'ailleurs à un moment, le slogan de la société était « l'ordinateur le plus personnel ».

Avant l'arrivée d'Apple, nous n'avions aucune idée que l'ordinateur pourrait un jour nous permettre de partager des photos, contacter des amis, écouter de la musique et faire tout ce que nous tenons pour acquis aujourd'hui. Les ordinateurs servaient surtout à faire de la comptabilité dans les grandes entreprises. L'idée d'en avoir un à la maison était absurde, sinon effrayante !

Il a fallu qu'une société comprît ce qui intéressait les gens pour les convaincre qu'ils pourraient tirer du plaisir de la possession d'un ordinateur. La solution d'Apple à l'époque était centrée sur les gens, tout comme aujourd'hui.

L'une des initiatives les plus spectaculaires d'Apple pour s'adresser à ses contemporains a été de composer un encart publicitaire paru dans les plus grands magazines, qui est devenu un classique du genre. C'est ainsi que l'on délivrait un message hardi avant l'émergence d'Internet.

Sa tâche n'était pas d'expliquer pourquoi son ordinateur était meilleur que les autres (c'était le seul sur le marché) ou de vanter ses caractéristiques techniques (dérisoires comparées aux normes actuelles). Apple devait commencer par la base : convaincre les gens qu'un ordinateur pouvait leur ouvrir de nouveaux horizons. L'encart publicitaire était conçu pour s'attaquer de front à ce problème. Son titre posait la question suivante : « Quelqu'un pourrait-il me dire à quoi sert un ordinateur personnel ? » Venaient ensuite quatre pleines pages remplies à craquer avec la liste d'une centaine d'activités possibles. Certaines étaient joliment illustrées en couleurs, donnant au lecteur un choix alléchant d'activités à explorer.

Cette publicité nous en mettait plein les yeux et surtout plein la tête, en suggérant des activités que nous n'avions jamais imaginé réaliser avec un ordinateur : jouer, écrire un roman, apprendre les mathématiques, gérer une entreprise, *etc.* Captivant et instructif, ce texte était rédigé de façon à nous inciter à continuer la lecture. C'était une démonstration humaine d'une innovation technologique. Malgré la longueur du texte, le concept était simple. Comme elle s'exprimait dans le langage de tous les jours, cette publicité a remporté un franc succès. (Je signale au passage que cet encart a été conçu par Steve Hayden, le même à qui l'on devra plus tard la création du spot *1984* pour le lancement du Macintosh.)

Ce ton naturel est devenu la marque de fabrique d'Apple dès les tout débuts. Bien que vendant des produits purement techniques, assemblages de circuits imprimés dans des boîtiers, Apple proclamait haut et fort qu'ils étaient faits pour des personnes ordinaires désireuses de faire des choses extraordinaires. Sa communication transformait un objet complexe par nature en quelque chose d'une merveilleuse et confondante Simplicité.

La Simplicité dans ce cas est bien sûr relative. Ces premiers ordinateurs Apple étaient affreusement compliqués d'emploi, sans souris ni interface graphique, avec juste une ligne de commandes, comme les PC contre lesquels le Macintosh se battrait plus tard.

À l'aube de l'informatique personnelle, Apple a compris qu'il fallait humaniser la technologie et a saisi l'importance de la Simplicité dans la communication.

La juste dose d'arrogance

Apple est très fière d'être la plus humaine des entreprises de haute technologie.

Tandis que beaucoup voient des qualités dans cette dimension humaine, d'autres lui attribuent des défauts, pensant qu'Apple se comporte avec une inquiétante arrogance.

Ce point de vue remonte à l'avènement du premier Macintosh en 1984. Tout le monde aimait Apple quand elle a mis l'informatique à la portée des gens ordinaires avec l'Apple II. Mais avec le Macintosh, elle essayait de s'introduire dans le monde des entreprises dominé par les PC. Les informaticiens voyaient le Macintosh comme un jouet, avec ses graphismes puérils et sa stupide souris.

Apple n'a rien fait pour corriger cette image d'arrogance avec sa publicité *1984*, qui dépeignait IBM en Big Brother, ni avec celle de l'année suivante, *Lemmings*, qui se moquait des clients qu'elle essayait de toucher en montrant des hommes d'affaires avancer en file indienne vers une falaise d'où ils tombaient un à un. Même si les PC ont finalement adopté l'interface graphique et la souris, le fossé culturel allait perdurer pendant des décennies.

Les nouveaux détracteurs d'Apple lui reprochent une autre sorte d'arrogance. Ils s'insurgent contre sa mainmise sur l'univers mobile : les appareils, le système d'exploitation, les applications et leur distribution. Il faut avouer qu'Apple a contribué parfois à renforcer cette image d'arrogance, notamment quand, en réponse à un client qui se plaignait par e-mail que son iPhone 4 perdait le signal quand il le tenait d'une certaine façon, Steve Jobs lui a écrit : « Eh bien, tenez-le autrement. »

En un sens, Apple ne se préoccupe pas de ceux qui dénoncent son arrogance. Ce ne sont pas des clients Apple, et il y a peu de chances qu'ils le deviennent. En revanche, Apple s'intéresse beaucoup à ceux qui partagent ses valeurs, et leur nombre a connu une croissance fulgurante ces dernières années, ce qui donne raison à sa philosophie commerciale.

Toutefois, quand Apple s'exprime *via* ses campagnes marketing, une question se pose : comment peut-elle rivaliser avec véhémence sans alimenter les soupçons d'arrogance à son égard ?

Avec ses publicités pour le Mac, Apple a tenté plusieurs fois de gagner du terrain par rapport aux PC. Avec moins de 10 % de part du marché ces quinze dernières années, Apple avait une bonne marge de progression. La campagne de spots télévisés *Switchers*, diffusée entre 2002 et 2003 et mettant en scène des utilisateurs qui sont passés du PC au Mac, a bénéficié d'une grande notoriété. Malheureusement, elle ne s'est pas traduite par un boom des conversions.

En 2006, profitant d'un regain d'intérêt des consommateurs grâce à la popularité de l'iPod, Apple a retenté de convertir les utilisateurs de PC. Cette fois, le succès de sa campagne a largement dépassé ses espérances.

Composée de soixante-six spots et diffusée sur quatre ans, la campagne *Mac vs. PC* est devenue un vrai phénomène culturel. C'est la campagne d'Apple qui a capté le plus d'attention de toute son histoire. Il est rare qu'une campagne publicitaire rencontre autant d'intérêt sur une période aussi longue.

Elle a bien fonctionné parce que Chiat a trouvé un format original pour présenter les avantages du Mac avec humour. Les publicités représentaient le Mac et le PC par deux personnages, chacun doté d'une personnalité en parfaite concordance avec la plateforme qu'il symbolisait. Justin Long incarnait le Mac naturellement fonctionnel, tandis que John Hodgman occupait le rôle du PC, en s'efforçant de garder sa contenance malgré l'accumulation de preuves contre lui.

Chaque spot était un nouvel épisode de leur relation suivie, dans lequel leur dialogue plein d'esprit mettait leurs différences en évidence. Il est important de signaler que la campagne *Mac vs. PC* présentait la rivalité sous forme de boutades, si bien que même les attaques les plus dévastatrices contre les PC furent perçues comme de petites piques amicales, tout en délivrant le message escompté.

Il est difficile de dénigrer la concurrence sans avoir l'air arrogant. Lancer soixante-six attaques virulentes contre son concurrent tout en gardant une image sympathique est extrêmement difficile. C'est pourtant l'exploit accompli par la campagne *Mac vs. PC*. Grâce à son esprit affûté, Apple semblait conserver ses bonnes manières même quand elle mettait les PC en lambeaux.

On pourrait penser qu'une idée de publicité aussi brillante a été approuvée dès le départ. En réalité, la campagne a connu des débuts difficiles, parce que Steve Jobs a rejeté la plupart des scripts de Chiat pendant plusieurs réunions successives. S'accrochant à son idée, l'équipe de Chiat a décidé que la meilleure solution était de procéder au tournage de quelques spots avec les acteurs qu'elle avait choisis. Nous avons consacré un week-end entier à ce tournage pour présenter notre travail à Jobs le lundi suivant. Le fait de les voir à l'écran plutôt que sur papier l'a totalement convaincu ; il a même adoré.

Le résultat a été une campagne avec les publicités les plus efficaces jamais produites par Apple, très agressives mais sans être trop arrogantes.

Avec ou sans chiots ?

Étant donné que la Simplicité et l'humanité sont des alliées de longue date, il existe un grand mythe concernant la manière d'humaniser une entreprise.

Si vous avez œuvré quelques années dans le marketing, vous avez certainement eu affaire à des clients qui demandaient plus d'humanité dans leurs publicités. En général, cela revient pour eux à montrer des gens dans les publicités. Après tout, pour se montrer humain, il suffit de montrer des photos d'êtres humains, n'est-ce pas ?

Par définition, l'humanité et les êtres humains vont de pair, mais il est tout à fait possible de les séparer. Tout dépend à quel point vous voulez faire preuve d'originalité et de l'image que vous choisissez de donner. L'aspect humain dans le message d'une entreprise est déterminé par le *ton* employé, c'est-à-dire l'effet combiné des mots et des images qu'elle choisit d'utiliser.

La présence humaine dans l'imagerie est indéniablement une façon d'ajouter de l'humanité, mais les mots aussi peuvent y concourir. Lorsque vous racontez à votre collègue que vous avez pleuré la veille en voyant le spectacle de danse de votre fille, il est inutile de fournir des preuves en images. La façon dont vous racontez l'anecdote suffit à exprimer toute l'émotion qu'elle contient.

Communiquer sur un ton humain a toujours fait partie des meilleures compétences d'Apple. La société n'a jamais eu besoin de montrer une maman assise devant l'ordinateur avec un bébé sur les genoux pour prouver son caractère humain. Il est même possible qu'elle aurait eu moins de succès avec une telle imagerie, car celle-ci aurait pu donner l'impression que ses messages étaient artificiels, plus manipulateurs et moins authentiques. Le succès de la communication d'Apple est qu'elle évite le paraître. Apple se contente d'être naturelle, ce qui est un principe essentiel de la Simplicité. Ses messages sont plus crédibles, plus authentiques et plus simples.

Steve Jobs n'aimait pas voir sa marque incarnée par des personnes dans ses publicités, mais il a peu à peu changé d'avis avec l'arrivée d'iPhoto et iMovie. Puisque l'intérêt de ces applications était le partage de moments chaleureux en famille, il aurait été difficile de le démontrer sans filmer de vraies gens. Bien entendu, Steve s'est montré difficile sur le choix. Il craignait que l'acteur retenu rebute un autre segment du public que nous voulions toucher, et notre cible était « tout le monde ». Nous avons résolu le problème en planifiant plusieurs spots présentant des personnes très différentes : jeunes familles, vieux couples, fiers papas, *etc.*

Au fil des ans, la communication d'Apple a évolué parallèlement à ses produits. À mesure que ses appareils concernaient davantage nos vies privées, les images d'êtres humains y sont devenues plus courantes. J'ai même vu des bébés dans les publicités Apple, ainsi qu'un ou deux chiots ! Ce n'est pas un souci : le guide officiel de la Simplicité ne contient aucune clause qui interdit de recourir à des représentations humaines. Retenez que les photos de personnes sont seulement une manière parmi d'autres d'exprimer l'humanité d'une marque.

En effet, même à l'époque où elle recourait rarement aux représentations humaines dans ses publicités, Apple était considérée comme l'entreprise de haute technologie la plus humaine de la planète. Elle peut pour cela remercier, entre autres, l'ancien directeur de création de Chiat, Steve Hayden, qui a lancé la première campagne pour le Macintosh. Tout étudiant en publicité se doit de connaître les publicités conçues par Hayden aux débuts du Macintosh : il a donné à Apple un ton original, simple et intemporel.

Le succès marketing d'Apple a toujours été fondé sur un parler vrai. Cela ne veut pas dire que ses messages n'abusent pas des adjectifs. On y trouve beaucoup de « magique » et de

« révolutionnaire » ces dernières années. Mais dans l'ensemble, il n'y a pas de ruse ni de manipulation dans la manière qu'a Apple de parler à ses clients acquis et à venir.

Le ton d'Apple est cohérent avec ses valeurs, la première étant la Simplicité. Steve Jobs a créé des produits qui parlent le langage de ses clients, et il a toujours insisté pour qu'Apple adopte ce même langage. Le résultat est que la marque dégage une impression d'authenticité à tous les niveaux : publicités, site Web, vente et plaisir que procurent tous ses produits. Cette cohérence contribue largement à créer une impression de Simplicité, chose qu'il est très difficile d'accomplir en marketing. Or, Apple maîtrise parfaitement cet art, et ce n'est pas un hasard.

Les marques qui rencontrent le plus de succès sont celles qui possèdent ce genre d'authenticité. Et on peut en dire autant des personnes qui réussissent dans la vie. La Simplicité est une valeur qui doit être présente dans tous vos actes et dans toutes vos paroles. C'est grâce à elle que les gens ont l'impression de vous connaître et de vous comprendre, et vous font confiance.

Orchestrer l'humanité

À tout point de vue, la remontée d'Apple, à l'agonie en 1997, pour devenir l'une des entreprises les mieux cotées en 2011, est vertigineuse. Cette renaissance sera étudiée dans les écoles de commerce pendant longtemps, sans doute par des étudiants équipés d'iPad à la place de livres.

Aujourd'hui, Apple arrive souvent en tête des listes lorsque l'on demande aux consommateurs de citer une marque célèbre ou leur marque préférée. Tant d'affection envers Apple suscite la jalousie des autres entreprises. La fidélité des consommateurs engendre des ventes répétées et forme des prosélytes qui recrutent dans leur entourage. Une loyauté comme celle-ci se nourrit d'elle-même, en bénéficiant d'un regain à chaque sortie d'un nouveau produit.

En bref, Apple est très forte pour gagner le cœur des gens. Elle sait comment s'inviter dans leur vie, les ravir avec de nouveaux appareils et entretenir une relation sans complication avec ses clients. L'amour d'Apple pour la Simplicité est évident à tous les stades de la relation client : des publicités qui suscitent l'intérêt à l'acte d'achat, puis de l'emploi des produits à l'assistance fournie.

Dans la pratique, Apple a formé un écosystème de Simplicité.

Durant la dernière décennie, Apple a révolutionné trois catégories d'appareils : les baladeurs numériques, les téléphones et les tablettes avec l'iPod, l'iPhone et l'iPad. C'est une épopée incroyable quand on songe que l'aventure a commencé avec une machine aussi basique que l'ordinateur de bureau Apple II. La différence entre l'Apple II et l'iPad est aussi grande qu'entre une 2CV et une navette spatiale !

Si la raison d'être d'Apple est de faire progresser les capacités de l'homme et de rendre la technologie toujours plus humaine, alors l'iPad est l'étape la plus importante à ce jour. Par rapport à ses précédentes innovations, l'iPad démontre de façon plus évidente son désir d'intégrer naturellement la technologie dans notre quotidien.

Le vieux slogan de l'Apple II, « l'ordinateur le plus personnel », conviendrait parfaitement à l'iPad. C'est un véritable ordinateur, mille fois plus puissant que nos premières machines, et il est difficile d'imaginer un appareil qui puisse être plus personnel. Facile à emporter partout et d'un emploi intuitif, il nous rapproche de la famille et de nos amis. Et il fonctionne par le toucher, ce qui change tout.

C'est pendant le lancement de l'iPad qu'Apple a commencé à mettre le qualificatif « magique » à toutes les sauces. On le trouvait dans la présentation de Steve Jobs, dans la vidéo officielle de l'iPad, dans les communiqués de presse et dans les publicités. On peut trouver cette formulation facile, mais on comprend bien pourquoi Jobs voyait de la magie dans ce nouvel appareil.

Le chroniqueur Walt Mossberg a écrit dans le *Wall Street Journal* : « Je crois que ce bel appareil d'Apple, avec son écran tactile, a le potentiel de changer en profondeur l'informatique mobile. (…) Grâce à lui, il se pourrait qu'un jour l'interface multi-touch détrône l'interface classique pilotée par la souris. »

Mark Brown confie dans le magazine *Wired UK* : « Après vingt-huit jours d'utilisation, je continue à le caresser et à vanter sa facilité d'emploi et les joies de la navigation. »

En effet, naviguer sur le Web avec un iPad est totalement différent. Nous utilisons la souris depuis si longtemps pour commander l'ordinateur qu'il nous semble naturel de faire bouger le pointeur à l'écran en déplaçant une souris hors écran. Mais ce n'est pas naturel. Ce qui l'est vraiment, c'est de toucher l'écran pour explorer les éléments qui nous intéressent.

Avec son écran tactile, l'iPad donne une nouvelle dimension à la Simplicité. Commander des applications par le toucher semble une chose évidente, comme si les ordinateurs avaient dû fonctionner ainsi dès le début. La souris a maintenant l'air d'une solution de fortune !

Avec un ordinateur aussi centré sur l'humain, Apple fournit aux développeurs une plate-forme pour le développement d'applications toujours plus surprenantes, tout en ouvrant la voie vers davantage d'avancées technologiques. Et ce, pas seulement pour elle-même mais pour tout le secteur, qui s'empresse de suivre le mouvement.

Nous vivons une époque formidable pour les humains !

Un appareil humain pour le travail ou les loisirs

Parmi les nombreuses qualités attachantes de l'iPad, il y en a une dont on a moins parlé : sa capacité exemplaire à plaire à tout le monde.

Il séduit instantanément les jeunes comme les vieux, qu'ils soient médecins, scientifiques, étudiants, enseignants, musiciens ou comptables, tous types de personnes et de tout secteur d'activité. C'est une preuve du pouvoir de la Simplicité, preuve que son attrait ne connaît pas de limite.

Au chapitre 3, je mentionnais que, contrairement aux autres fabricants d'ordinateurs, Apple ne disperse pas ses efforts marketing en ciblant séparément les entreprises et les particuliers. Comme l'iPhone avant lui, l'iPad se concentre sur un groupe démographique plus large : le genre humain.

Par choix, Apple se contente de nous faire prendre conscience des possibilités, puis nous laisse décider nous-mêmes comment utiliser l'appareil dans notre quotidien. Avant tout, le message marketing est simplement que l'iPad va changer notre manière de voir le monde. Apple nous donne un aperçu de nombreuses applications, d'activités possibles pour diverses personnes dans leur travail ou leurs loisirs. Les spécialistes du marketing vous diront que vous risquez de rebuter les professionnels si vous montrez des jeux, ou de décourager les particuliers si vous montrez des fonctions professionnelles, mais Apple ne suit pas ce conseil classique et restrictif. La magie de l'iPad, c'est aussi le fait qu'il trouve naturellement sa place dans la vie de chacun, quel que soit son mode de vie.

Pour voir un exemple de la Complexité à l'œuvre, regardez comment la société RIM a choisi de lancer sa tablette concurrente de l'iPad. Pour tenter de séduire les professionnels déjà utilisateurs du BlackBerry (se démarquant ainsi de l'iPad), RIM a présenté sa PlayBook comme une tablette destinée à l'entreprise, avec le slogan suivant :

L'amateurisme, c'est fini.

Pourtant, sachant que les clients professionnels sont aussi des êtres humains, RIM montrait simultanément des emplois plus ludiques de sa tablette avec des jeux, des films et des sites sociaux. Ainsi, le message était que la tablette PlayBook servait au travail, sauf quand elle servait à s'amuser. Ce n'est pas la façon la plus claire de positionner un produit. Et ce n'est pas la plus efficace non plus. Durant le premier trimestre après son lancement en avril 2011, RIM a livré 200 000 tablettes (seulement envoyées en boutique, pas encore vendues), tandis qu'Apple vendait 9,25 millions d'iPad. Autrement dit, en deux jours, Apple a vendu plus de tablettes que RIM n'en a livré en trois mois !

La Simplicité demande une stratégie claire, suivie d'une communication cohérente. RIM a établi une stratégie qui misait sur son point fort, une tablette d'usage professionnel, mais ses publicités délivraient des messages contradictoires. D'ailleurs, le produit lui-même n'avait rien de cohérent. Bizarrement, alors qu'elle ciblait l'entreprise, la première tablette PlayBook n'avait même pas de fonction de messagerie. Il fallait la relier à un téléphone BlackBerry pour accéder aux e-mails sur la tablette. Qui parle d'amateurisme ?

Pendant ce temps-là, Apple poursuit sa méthode plus simple en s'adressant indifféremment au grand public et aux entreprises. Et devinez quoi ? Elle continue de vendre ses produits par millions, et ni les particuliers ni les professionnels ne sont venus se plaindre de l'absence de messages exclusifs.

La Simplicité revêt un attrait universel.

Humain, naturellement humain

Les lois de la Simplicité s'appliquent à tous les services chez Apple. Mais on s'en rend compte surtout dans les laboratoires secrets où naissent les produits Apple.

En tant qu'élément essentiel de la Simplicité, l'orientation humaine est intégrée dans chaque nouveau produit Apple dès le stade embryonnaire.

Apple ne divulgue pas ses secrets de conception et de fabrication, mais Steve Jobs a révélé dans des interviews qu'il se réunissait régulièrement avec son équipe dirigeante pour étudier de nouvelles idées. Ils décidaient ensemble quelles pistes méritaient d'être explorées et lesquelles seraient abandonnées.

C'était à cette occasion qu'Apple vérifiait si la nouvelle idée était conforme aux principes de Simplicité et si elle avait la capacité de s'intégrer dans nos vies.

Bien entendu, aucun designer n'aurait jamais osé présenter une idée non conforme à la Simplicité, mais certaines avaient plus de succès que d'autres. Après avoir discuté, le conseil des aînés prenait une décision.

J'aimerais bien qu'Apple enregistre certaines de ces discussions afin que nous sachions un jour ce qui s'y dit. Ce serait fascinant d'écouter les conversations suscitées par la proposition du concept de l'iPhone, par exemple. Mais c'est inutile, il suffit d'observer ses derniers produits, et on voit tout de suite leur qualité première.

La Simplicité est transparente.

Le concept doit être immédiat. Le client doit le saisir en une seconde, comme « téléphone, Internet et iPod tout en un ». Il doit pouvoir utiliser son nouvel appareil sans préambule. Et plus important, le nouveau produit doit améliorer nos vies d'un ordre de magnitude supérieur à ce qui existe déjà ou créer une nouvelle catégorie à lui seul.

Steve Jobs mentionnait déjà cette dernière qualification du temps de NeXT. Il insistait pour dire que dans le secteur informatique, le seul changement véritable est une amélioration au décuple par rapport à la génération précédente. Un produit doit avoir ce niveau d'importance dans l'esprit des gens pour qu'on le remarque et qu'il soit vu comme un progrès. Certaines de ces mesures sont subjectives, évidemment, mais on voit avec du recul que les grands succès commerciaux d'Apple répondaient à cette exigence. Pour le vérifier, comparez côte à côte le premier iPhone et le meilleur BlackBerry de l'époque. La différence d'ordre de magnitude est évidente.

Si une nouvelle idée chez Apple ne répond pas à l'un des critères essentiels, vous pouvez être sûr qu'elle sera frappée du sceptre de la Simplicité, afin de l'améliorer ou de la faire disparaître.

La bataille entre les chiffres et les humains

La révolution numérique a engendré un volume incommensurable de statistiques. Les agences de marketing et leurs clients ont besoin d'experts pour analyser les chiffres générés par la trace de notre passage sur les sites Web.

Une société comme Dell est obnubilée par ces chiffres. Il y a des objectifs assignés à chaque projet, et si les nombres de clics n'atteignent pas les objectifs, quelqu'un risque de se faire taper sur les doigts. On comprend facilement pourquoi les cadres de Dell attachent autant d'importance aux mesures de performance. Ils sont nombreux à recevoir des bonus en fonction de ces statistiques.

Pour les sociétés qui opèrent ainsi, c'est une technique astucieuse. Avec toutes ces données disponibles, il serait stupide de ne pas les exploiter. Les chiffres sont nos alliés. Voyez ce qui se passe dans le film *Le Stratège* : grâce aux informations déduites des statistiques des joueurs de base-ball, le manager de l'équipe des Oakland Athletics a pu former une équipe gagnante sans avoir le budget des Yankees.

Mais la réalité n'est pas aussi romantique. Voyez la place qu'occupe Dell par rapport à Apple. D'un côté, une société qui privilégie les statistiques mais se donne beaucoup de mal pour gagner le cœur des clients. De l'autre, une société dont la priorité est de ravir ses clients, ce qu'elle fait en permanence, et qui génère en conséquence beaucoup plus de bénéfices que Dell.

Alors que Steve Jobs était l'un des hommes les plus visionnaires du monde, il avait une façon vieux jeu d'exploiter les statistiques. Il demandait toutes les informations possibles, puis lisait et assimilait tout, mais en tenant compte du contexte.

Il n'oubliait jamais qu'au bout du compte, la technologie est au service des humains, afin de stimuler leur imagination, de les combler et de les faire sourire. Il n'aurait jamais sacrifié cette considération en faveur d'une décision susceptible de générer quelques clics de plus sur le site Web d'Apple.

Pour Steve Jobs, la dévotion servile aux chiffres était un défaut typique des grosses entreprises. Il refusait de s'immerger dans les chiffres, quelle que fût la taille de son entreprise. Il consultait volontiers les informations qu'on lui fournissait, mais au final il prenait ses décisions en suivant sa raison et son instinct, comme tout être humain. Cette attitude évite les complications.

Il y a une image que Steve ressortait souvent dans ses présentations publiques. Il disait qu'Apple se trouvait à l'intersection de la technologie et des sciences humaines, une image qui collait bien au personnage lui-même. C'était dans cet esprit qu'il jugeait le design des produits et prenait ses décisions marketing. Il n'était pas du genre à avoir une confiance aveugle dans les statistiques ou à évaluer une idée en fonction du chiffre qui apparaît au bas d'un tableau. Les idées étaient tout pour Steve, et il savait que les grandes idées ne pouvaient naître du conformisme.

Il savait faire la différence entre un fait et un sentiment. Il comprenait le rôle primordial que pouvaient jouer l'intangible et l'improuvable dans l'image d'une marque. Il lui semblait aussi incongru de gérer son entreprise en fonction de statistiques que de demander aux gens dans la rue quel genre de produits Apple aurait dû faire.

En plusieurs occasions, Steve Jobs a replacé une citation célèbre d'Henry Ford : « Si j'avais demandé à mes clients ce qu'ils voulaient, ils auraient répondu : un cheval plus rapide. » Il estimait que c'était le rôle d'Apple d'inventer ce que les gens *ne pouvaient pas* imaginer. Il savait qu'après avoir adopté un produit génial, les gens étaient incapables de s'imaginer vivre sans. Dans une interview de 1998 au magazine *BusinessWeek*, Steve Jobs disait :

> *Il est très difficile de concevoir des produits avec les focus groupes. Très souvent, les gens ne savent pas ce qu'ils veulent avant que vous le leur montriez.*

Apple n'utilise pas plus les réunions de consommateurs pour inspirer des innovations que pour mettre au point ses messages marketing. Au nom de la Simplicité, Steve faisait confiance à son petit groupe d'esprits brillants pour trouver la meilleure solution. Les avis extérieurs n'avaient pas de légitimité pour lui.

Vous en doutez ? Vous vous demandez comment il est possible d'investir des millions de dollars sans aucune garantie de réussite ? Cela vous semble même irresponsable ?

Pourtant, la preuve que les méthodes d'Apple sont efficaces est sous vos yeux depuis le retour de Steve Jobs aux affaires en 1997. Le marketing d'Apple surpasse toujours celui de ses concurrents et d'environ 95 % des sociétés des autres secteurs. Les publicités d'Apple sont bien conçues, ciblant avec humour un public de masse, parfaitement orientées, et le tout sans le moindre recours aux tests de consommateurs.

Comme toutes les autres sociétés, Apple est tout à fait capable de remplir une pièce avec de brillants experts en marketing. Comme peu de sociétés le font, Apple est prête à ne pas donner suite aux décisions prises dans cette pièce. Compte tenu des résultats obtenus en suivant cette voie ces quinze dernières années, ses clients sont pleinement satisfaits des choix d'Apple.

Apple ne s'intéresse pas aux idées qui tentent de satisfaire tout le monde. Ce sont des idées qui finissent dépouillées de leur caractère, ressenties comme calculées, et, pire, moins humaines.

Chapitre 9
Se montrer sceptique

Lors des mes débuts comme publicitaire pour Apple, du temps où John Sculley en était le P-DG, l'un des rédacteurs de l'agence avait mis un panneau sur sa porte qui disait :

Il fut une époque® où les juristes™ dominaient le monde*$_{sm}$.

J'aurais trouvé cela plus drôle si je n'avais été moi-même victime des pressions juridiques qui règnent chez les clients comme dans les agences. Après seulement un an ou deux d'activité, je me suis retrouvé à témoigner devant un tribunal au sujet d'une publicité que j'avais écrite chez Chiat pour le compte d'une compagnie aérienne de New York. J'étais innocent, je le jure.

Les juristes jouent un grand rôle dans les affaires de marketing. Ils sont bien utiles quand une société se voit poursuivie en justice pour des milliards de dollars. Ils servent aussi à s'assurer que les énergumènes du service création ne vont pas faire des folies. Dans la pratique, les créatifs sont muselés des deux côtés, parce qu'en général il y a une équipe de juristes dans l'agence *et* chez le client. Chaque publicité doit être approuvée par les deux équipes d'avocats, chacune cherchant à protéger ses propres intérêts.

Bien que connaissant le système, je fus surpris un jour de recevoir un e-mail du service juridique d'Apple concernant une publicité qui devait paraître dans la presse trois jours plus tard. Les juristes de l'agence et Steve Jobs l'avaient déjà approuvée. Et maintenant, à la dernière minute, les avocats d'Apple m'informaient qu'ils redoutaient des problèmes avec cette annonce.

La publicité en question datait d'avant l'intégration des puces Intel dans les ordinateurs Apple. Elle proclamait que les nouveaux Power Macintosh étaient plus performants que les PC les plus rapides équipés de puces Intel, tests comparatifs à l'appui. Les avocats tiquaient sur quatre points dans l'annonce, craignant une réplique judiciaire de la part d'Intel.

Par devoir, j'ai envoyé un message à Steve Jobs pour l'avertir que ses avocats nous mettaient des bâtons dans les roues. J'ai décrit brièvement les quatre points problématiques avant de lui demander son avis.

Heureusement, Steve n'allait pas laisser la Complexité s'en mêler. Il n'a mis que quelques minutes à trancher. Sa réponse, plutôt concise, commençait par une phrase des plus éloquentes sur sa position :

Rien à foutre des avocats.

Accepter les conseils plutôt que les ordres

Prenons le temps de savourer cette réplique. Elle m'a longtemps inspiré dans mon travail.

Cette phrase est tout à fait représentative du scepticisme naturel de Steve Jobs, un trait de caractère bien utile à la Simplicité. Dès qu'il était confronté à une opinion contraire à la sienne ou incompatible avec sa vision, son instinct était de mettre en doute la validité de cette opinion. Après tout, comment aurait-il été possible que le monde ne fonctionnât pas comme il l'entendait ?

Pour moi, il s'agit d'un scepticisme positif. Pour la bonne raison que nombre des avis d'experts que nous entendons au travail sont inutilement restrictifs. L'expert n'a pas forcément étudié tous les tenants de la situation, il n'en comprend pas toutes les nuances ou il est simplement beaucoup plus prudent que nous, comme l'étaient les avocats d'Apple dans l'exemple précédent.

Peut-être avez-vous connu la frustration de travailler sous les ordres d'un chef qui manque de scepticisme, une personne qui accepte aveuglément l'avis de son service juridique et traite cet avis plus comme une décision de justice qu'un conseil.

Cela ne veut pas dire que le scepticisme de Steve le conduisait à ignorer l'avis de ses experts. En réalité, il étudiait leur avis en tenant compte d'autres données, des objectifs généraux de l'entreprise et du Bon Sens.

À mesure que le succès d'Apple grandissait et que la concurrence s'intensifiait, Steve Jobs devait accorder autant d'importance à ses avocats qu'à ses ingénieurs. Il se reposait sur leur expertise pour aider la société à protéger sa propriété intellectuelle et ses marques déposées partout dans le monde.

Mais comme nous le savons tous, Steve Jobs était également dévoué à sa vision et confiant dans son propre jugement. Il pouvait avoir un grand respect pour l'avis d'un juriste tout en sachant que ce dernier ne connaissait pas forcément les nuances du marketing ni les autre considérations impliquées dans une décision particulière. Aussi n'avait-il aucun scrupule à ignorer un conseil de prudence quand il estimait qu'un certain niveau de risque était justifié, comme il l'a fait dans l'exemple cité plus haut. Dans cet épisode, j'ai apprécié sa réaction rapide et catégorique.

Un véritable adepte de la Simplicité doit envisager l'éventualité de rejeter la recommandation d'un expert après avoir pesé les autres facteurs en jeu, par opposition à sa mise en application systématique.

Si vous vous demandez quelles furent les conséquences de la décision prise par Jobs de diffuser sa publicité anti-Intel sans tenir compte de la mise en garde de ses juristes, sachez qu'il n'y en eut aucune. L'annonce parut ; Apple fit passer son message ; Intel fut un peu contrariée ; et personne n'alla en prison ! Steve Jobs avait eu raison, une fois de plus.

iPhone contre iPhone

Revenons à ces instants où Steve Jobs s'impatientait de monter sur scène pour annoncer la sortie de l'iPhone, que nous pressentions alors comme l'événement le plus important dans l'histoire d'Apple.

Le produit était prêt, tout comme les publicités. Tout était parfait, à l'exception d'un petit détail ennuyeux : Cisco vendait déjà un appareil du même nom. Si l'on n'entend plus beaucoup parler de l'iPhone de Cisco de nos jours, c'est parce que Jobs a fait preuve de scepticisme quand il a appris que le nom déposé par Cisco allait entraver son grand projet.

L'iPhone de Cisco portait bien son nom. C'était un appareil de téléphonie par Internet qui se connectait à un réseau Wi-Fi domestique pour passer des appels avec Skype ou d'autres services similaires. Il possédait d'autres fonctions, telles que l'accès à une bibliothèque de musique ou à une photothèque.

Comme vous pouvez l'imaginer, Steve était mécontent que Cisco utilisât le nom iPhone pour son petit appareil insignifiant, alors qu'il jugeait ce nom absolument parfait pour son appareil révolutionnaire. Passons outre le fait que Cisco, comme beaucoup d'autres, avait emprunté l'« i » d'Apple pour profiter du phénomène de mode. Il y avait de l'agitation dans le bureau de Steve ; on se demandait quoi faire, surtout du côté marketing, alors qu'approchait la date du lancement. Un jour, nous partions sur l'appellation iPhone, et le lendemain, l'instruction était de trouver d'autres noms au plus vite. Tout semblait présager de sérieux problèmes juridiques si Apple persistait à vouloir annoncer la sortie de son iPhone.

Selon les déclarations officielles de Cisco, un accord avait été négocié et le contrat livré à Apple était en attente de signature la veille du lancement de l'iPhone. Mais Apple n'a pas signé le contrat. Le jour J, Steve a annoncé au monde entier la sortie de son iPhone, sans avoir réglé le problème avec Cisco.

Du côté de Cisco, on était offensé par la tournure des événements, et armé de la ferme intention de porter l'affaire en justice. Mais il existe une autre version des faits : Cisco avait déposé le nom « iPhone » en 1999 ; mais le droit de propriété avait expiré en 2005 faute d'usage, avant que la société ne commençât à livrer ses iPhone. La situation n'était pas très claire, ce qui pourrait expliquer pourquoi Steve Jobs décida au dernier moment de ne pas signer. Il allait tirer d'abord et poser les questions après.

Cisco a en effet entamé des poursuites judiciaires juste après le lancement de l'iPhone avant de finalement parvenir à un accord avec Apple selon des conditions tenues secrètes. D'après certaines informations, Apple aurait accepté de faire un peu de comarketing avec Cisco, mais personne sur terre n'a jamais eu connaissance de telles actions. Si Steve Jobs a participé en personne à ces négociations, j'aurais bien voulu le voir à l'œuvre !

Ce que je tenais à démontrer est le fait que Steve voyait un immense potentiel dans le nom « iPhone » et ne se laissait pas décourager par le sac de nœuds juridique qu'on lui promettait. Il calculait les avantages qu'il aurait à lancer son appareil sous ce nom et les bénéfices à long terme qu'il pourrait associer à sa marque. Il était donc déterminé à imposer sa volonté dans une situation où presque n'importe qui d'autre aurait opté pour la solution sans risque en choisissant un autre nom.

La conclusion de cette affaire est bien connue. La valeur du nom « iPhone » est aujourd'hui incalculable, rendant dérisoire le coût du conflit avec Cisco. Le nom « iPhone » est maintenant aussi célèbre que la marque Apple, grâce à toutes les qualités que Steve avait identifiées. Il est simple, évident et facile à retenir. Et tout cela grâce à l'obstination de Steve qui croyait pouvoir obtenir le nom, même quand tout indiquait le contraire.

Songez un instant à votre société. Dans une situation similaire, prête à lancer un produit très attendu, incapable d'obtenir les droits d'utilisation du nom et confrontée à de sérieux risques de conflits juridiques, quelle serait sa décision ?

Dans cet exemple, Steve Jobs savait ce qu'il voulait. Apple et Chiat auraient-elles pu trouver un nom dépourvu de risque ? Certainement. Et nous en avons proposé beaucoup. Mais dans l'esprit de Steve, le nom « iPhone » était trop parfait pour y renoncer, et ce fut sa volonté inflexible qui lui a permis d'en obtenir les droits.

Les enjeux étaient énormes pour Apple, mais les mêmes principes s'appliquent à nos décisions de tous les jours. Il s'agit d'évaluer un conseil par rapport au contexte, et d'avoir la force de foncer quand les bénéfices pèsent plus lourd que les risques.

Merci aux juristes sceptiques !

Les créatifs dans la publicité n'apprécient pas beaucoup les juristes normalement. Trop d'idées géniales ont été réduites sinon à néant, du moins au strict minimum, par des juristes ; et la douleur persiste après coup. Mais nous savons également nous montrer très reconnaissants quand le scepticisme d'un avocat contribue à écarter une mauvaise idée qui commençait à prendre de l'ampleur !

Durant l'une des nos réunions habituelles, environ un an après le lancement de l'iMac, Steve Jobs est arrivé, totalement exalté par une nouvelle idée. J'ignore si elle venait de lui ou d'un autre, il ne l'a pas précisé. Ce jour-là, à l'inverse de d'habitude, c'est lui qui nous a soumis une idée.

D'après ses calculs, Apple allait bientôt vendre son millionième iMac. C'était une étape hautement symbolique. Pour rappel, la société avait connu de grosses difficultés jusqu'alors, et l'iMac était la première machine lancée après le retour de Steve. Parvenir à vendre un million d'iMac en si peu de temps était un très bon signe qui méritait d'être célébré en fanfare.

L'idée de Steve était de faire comme Willy Wonka, dans *Charlie et la chocolaterie*. Il voulait mettre un billet gagnant représentant le millionième iMac dans le carton d'un ordinateur et le faire savoir. Le gagnant se verrait rembourser le prix d'achat et aurait droit à un voyage à Cupertino, où il pourrait visiter le site d'Apple avec sa famille.

Steve avait déjà demandé à son équipe de créatifs de concevoir un prototype du ticket gagnant, qu'il nous a montré. Le pire était qu'il prévoyait de faire les choses à fond : il voulait rencontrer l'heureux gagnant en tenue de Willy Wonka, avec le chapeau et tout l'attirail...

L'idée, et surtout le fait de voir Steve aussi enthousiaste, nous faisait tous glousser. Il y voyait l'occasion de faire parler d'Apple et de l'iMac dans tous les médias et était prêt à participer en se déguisant. Mais contrairement au scénario du film, le gagnant n'allait pas devenir le nouveau propriétaire d'Apple. Il n'aurait même pas droit à un poste d'assistant. Il était seulement question de faire la fête, et de faire la une des journaux.

Nous avons quitté cette réunion avec l'instruction de préparer la logistique et de vérifier la légalité du projet. Par chance, les conditions légales étaient très restrictives. En effet, selon les lois californiennes, l'idée de ticket gagnant s'apparentait à un tirage au sort, ce qui impliquait qu'il ne pouvait pas y avoir d'obligation d'achat. Comme il n'était pas possible de mettre le ticket gagnant avec un ordinateur, il aurait fallu procéder à un tirage au sort. Dans ces conditions, n'importe qui aurait pu gagner même sans posséder un iMac. Face aux restrictions imposées par les juristes, Steve Jobs décida que cela ne valait pas le coup.

Nous avons tous poussé un soupir de soulagement ; et personne n'eut le plaisir de voir Steve en costume de Willy Wonka !

Sous le joug des juristes

L'une des campagnes publicitaires les plus douteuses auxquelles j'ai participé est un parfait exemple d'acception aveugle de conseils juridiques.

À mi-parcours de ma collaboration avec l'agence publicitaire d'Intel, cette dernière nous a demandé de fournir une campagne générale pour la promotion de toutes ses gammes de processeurs. À cette période, la relation entre l'agence et son client montrait déjà des signes de tension. Comme les enjeux gagnaient en importance et que notre latitude se réduisait, notre président a préféré ne courir aucun risque. Il a élargi notre petit groupe de brillants esprits en invitant l'un de ses créatifs préférés à participer au brainstorming et a proposé au P-DG de l'assister pour le choix final. Nous allions faire tout ce qu'il fallait pour donner satisfaction.

Après une semaine de travail acharné, le groupe s'est réuni au complet dans le bureau du président : créatifs, responsables du compte et dirigeants de l'agence.

Après l'examen de plusieurs idées de campagne, le créatif invité d'honneur s'est levé pour faire son pitch. Son charmant accent écossais renforçait quelque peu sa réputation d'excentrique. Il ne portait pas de kilt ce jour-là, alors que cela lui arrivait parfois. Il s'est donc lancé dans sa présentation.

Nous avons eu droit à une présentation énergique et théâtrale, comme dans les films. Notre collègue écossais s'est mis à décrire l'attitude positive d'Intel, sa capacité à surmonter les obstacles, à satisfaire les demandes les plus difficiles de ses clients, *etc.* Son histoire menait à une conclusion logique : la société Intel a pris son destin en main. Elle est parvenue à ses fins en réalisant d'incroyables prouesses techniques. De ce fait, son esprit pouvait se résumer en un mot, l'un des mots les plus courants en anglais, mais un mot qui aurait le pouvoir de remodeler la marque Intel. Ce mot tout puissant et irrésistible était : *Yes.*

Les autres créatifs dans la pièce ont réagi comme vous venez probablement de le faire. Pour nous, c'était du vent, toute cette histoire. Mais notre président et le P-DG ont tout gobé. Ils aimaient l'idée de posséder le mot « yes » et le logo qui allait avec. Ce mot magique gravé sur une grosse pastille bleue de silicium (matière première des puces électroniques) qui apparaîtrait à la fin de chaque publicité.

L'idée a été poursuivie, approuvée et concrétisée par une série de spots télévisés. Malheureusement, au début de la campagne, un problème juridique est survenu en Allemagne. Une société inconnue se revendiquait propriétaire de l'idée du « yes ». (C'est amusant, parce que pour éviter de nous discréditer dans le cercle des créatifs, nous faisions tous notre maximum pour *ne pas* la revendiquer !) À l'instar d'Apple, Intel attirait les poursuites judiciaires. Leurs accusateurs dans ce genre d'affaires étaient motivés par l'espoir que la société préférerait mettre fin aux poursuites en échange d'un gros chèque.

Intel s'est conformée à ce plan. La société allemande a été indemnisée, et Intel a pu poursuivre la diffusion de sa campagne en Allemagne et partout ailleurs. Toutefois, une chose avait changé : le service juridique d'Intel était maintenant sur ses gardes. Et en plein été, nous avons appris l'arrêt de la campagne, sur décision des juristes d'Intel.

Ils nous ont expliqué que le procès en Allemagne était réglé, mais qu'ils craignaient que, si une entreprise avait trouvé moyen d'attaquer Intel, d'autres pourraient en faire autant. Et cela, malgré le fait que ces mêmes juristes avaient fait les recherches nécessaires au départ et déclaré la campagne dépourvue de risques légaux, à l'abri de toute revendication de droits de propriété.

Cette décision a surpris l'agence et le service marketing d'Intel. La société avait subi une attaque judiciaire, l'avait résolue à moindre coût, avait obtenu l'autorisation de poursuivre la campagne dans laquelle elle avait investi ; et maintenant elle était trop frileuse pour risquer d'autres attaques !

Contrairement à Steve Jobs, qui avait rejeté l'avis de ses juristes pour lancer la publicité de son choix et pris le nom « iPhone » sans en posséder les droits, Intel a traité la recommandation de ses juristes comme un véritable arrêt de justice.

Pour que la Simplicité prenne le dessus, il faut qu'une personne ose prendre des risques pour la défendre. Dans cet exemple, à tous les échelons, tout le monde a préféré se remettre au travail pendant des mois pour préparer et tester une nouvelle campagne. Personne ne s'est soucié que le fait de changer de campagne deux fois dans la même année pouvait nuire à l'image de la marque. Aux yeux du public, Intel n'allait pas incarner la Simplicité.

La Complexité était doublement gagnante ici. La campagne est née d'une équipe qui ne respectait pas le principe du petit groupe d'esprits brillants, avec trop de personnes habilitées à l'approuver, le tout dans un climat de tension. Et elle a été enrayée par les juristes de la société qui ne voyaient sans doute pas l'intérêt de la campagne marketing dans son ensemble. Par conséquent, la Complexité a réussi le rare exploit de donner naissance à la campagne, tout en étant responsable de sa mort.

La conclusion positive de cette histoire est qu'Intel n'ayant jamais acquis les droits d'utilisation du mot « yes », vous restez libre de l'employer dans vos conversations sans payer de droits d'auteur !

Quand la peur stimule

Après l'aventure du « yes », voyons le pouvoir du mot « non ».

Lorsque quelqu'un propose une idée, « non » est un mot qu'on entend trop souvent. Il y a toujours mille raisons pour lesquelles la chose n'est pas possible, alors que la plupart des obstacles pourraient être contournés avec de l'imagination. Aussi, quand un collègue ou un sous-traitant oppose un refus, vous ne devez pas prendre sa réponse pour argent comptant. Le plus souvent, ce refus signifie que la chose demanderait trop d'efforts, que ce n'est pas la manière habituelle de procéder, que ce serait trop coûteux, entre autres prétextes.

Parfois l'impossible est vraiment impossible. D'autres fois, c'est simplement improbable. Il est donc payant de considérer le refus sous toutes ses coutures avant de jeter l'éponge. Certains d'entre nous sont très doués pour décider instantanément de ce qui est possible. C'était le cas de Steve Jobs.

Il était rare qu'il tolérât une réponse négative quand il exprimait une demande. Il fallait vraiment lui prouver sans l'ombre d'un doute que sa demande était irréalisable. Si vous ne pouviez pas le prouver, alors il confiait sa mission à quelqu'un d'autre, ce qui était très mauvais pour votre carrière auprès d'Apple.

Lorsque je sortais avec des collègues, nous nous interrogions parfois sur l'origine psychologique de l'incapacité chronique de Steve Jobs à accepter le refus. Il existe une explication évidente. Il a démarré Apple en 1976, à seulement 21 ans. Avant cela, il avait travaillé brièvement pour HP et Atari. Si bien que, contrairement à la majorité des gens, Steve a passé peu de temps sous les ordres d'un autre. Pendant presque toute sa vie d'adulte, c'est lui qui donnait les ordres, et il s'attendait à être obéi.

Il manifestait cette exigence avec tout le monde. Ce n'était pas de la tyrannie mais simplement l'expression de son caractère intransigeant, qui lui interdisait de se contenter d'un résultat inférieur à ce qu'il avait imaginé. Il suffisait de contrarier une seule fois les attentes de Steve Jobs pour en comprendre les conséquences et s'assurer de ne plus jamais le décevoir. J'ai eu la chance de l'apprendre assez tôt pour écarter définitivement ce risque.

Lors des débuts de l'iMac, nous prévoyions de lancer de nouveaux modèles en publiant un encart de seize pages dans le magazine *Time*. Après plusieurs semaines de conception, photographie et rédaction, l'encart était presque terminé. Steve nous a fait savoir qu'il voulait le voir dans *Time* deux semaines plus tard. Lorsque j'ai communiqué cette demande à la chef de fabrication de l'agence, elle a bien rigolé. Nous pouvions certes accélérer la préparation de l'encart de notre côté, mais sa parution dépendait de *Time*. Les hebdomadaires ont des calendriers de production fixes et il faut prévoir plusieurs semaines pour livrer des millions d'encarts et les intégrer au tirage du magazine. En retour, j'ai informé Steve de cette situation, lui disant que *Time* ne pourrait pas publier notre encart avant plusieurs semaines.

« C'est n'importe quoi », a-t-il répliqué. Il refusait de me croire, arguant que le *Time* publiait environ soixante pages chaque semaine avec seulement quelques jours de préparation.

J'ai bien expliqué pourquoi c'était différent avec les encarts, mais je sentais que mes arguments ne faisaient pas le poids. C'est alors qu'il a lancé sa petite bombe :

« Si vous ne pouvez pas le faire, je suis sûr qu'Arnold saura trouver une solution très vite. »

Arnold était l'autre agence publicitaire que Steve avait en tête au moment de son retour chez Apple. Arnold avait bien envie d'obtenir le compte Apple et aurait été ravie de prouver sa motivation à cette occasion. Nous ne voulions surtout pas laisser un concurrent remplir la mission que nous avions déclarée impossible, car c'est ainsi que les agences perdent leurs clients.

Quelques minutes plus tard, je contactais de nouveau la chef de production de l'agence, l'informant que la situation devenait plus que critique. Nous devions trouver le moyen de publier l'encart dans *Time* au plus vite, au risque d'ouvrir une porte à la concurrence. Elle a passé quelques appels pendant que je croisais les doigts.

Ses supplications et ses menaces ont été efficaces : *Time* a accepté de publier notre encart deux semaines plus tard.

C'était une bonne nouvelle, mais j'avais maintenant un petit problème de crédibilité auprès de Steve Jobs. Je venais de lui répéter ce qu'on m'avait dit, à savoir qu'il était impossible de contourner les règles de *Time*. Steve ne m'avait pas cru ; je m'étais accroché à mes arguments ; et je devais maintenant l'informer qu'il avait finalement raison, puisque nous avions trouvé une solution.

Certes, j'avais repris les arguments de ceux qui connaissaient le métier, mais j'avais commis l'erreur de ne pas faire appel à mon Bon Sens, contrairement à Steve. J'avais donc réussi à renforcer sa conviction qu'un refus n'était jamais définitif. Malheureusement, mon attitude lui a donné de bonnes raisons de mettre en doute les déclarations de l'agence à propos de ce qui était réalisable ou non.

Je n'oublierai jamais cet épisode traumatisant. Il m'a rendu méfiant chaque fois qu'on me répond « non ». Pour le bienfait de la Simplicité, il est préférable d'étudier la situation sous tous ses angles quand on vous donne une réponse négative. Demander à quelqu'un de fournir des efforts extraordinaires est finalement le meilleur moyen d'obtenir des résultats extraordinaires. S'il existe des règles, il y a fort à parier qu'elles puissent être brisées. Si vous n'insistez pas, c'est votre idée qui en pâtira au final.

Des années plus tard, l'un des concepteurs en chef de Dell (que nous prénommerons Mick pour le protéger) a vécu une mésaventure similaire. Son histoire concerne la naissance du portable ultra-plat de Dell qui se voulait concurrent du MacBook Air, l'infortuné Dell Adamo. Alors que cette nouvelle machine était destinée à sortir avec fracas, à lutter pour se faire remarquer, puis à disparaître au bout de deux ans, sa préparation a suscité beaucoup d'enthousiasme. Créer un portable de cette catégorie était une première pour Dell.

Je sortais du premier briefing de l'agence pour l'Adamo. Tandis que j'attendais un taxi pour retourner à l'hôtel, j'ai rencontré Mick et nous sommes restés à discuter dans le hall d'entrée de Dell. Nous en sommes venus à parler des délais impossibles à tenir, ce qui m'a rappelé cette histoire d'encart dans *Time* pour Apple. J'ai raconté à Mick combien j'avais souffert de ne pas m'être interrogé sur la faisabilité d'une demande.

« C'est exactement ce qui m'est arrivé avec Adamo », a dit Mick. Il m'a alors raconté les réunions qui ont donné naissance au portable ultra-fin de Dell.

Plusieurs mois auparavant, Mick avait rencontré Ron Garriques, alors chef de la division Particuliers de Dell. Comme beaucoup dans son secteur, Garriques voulait fabriquer un ordinateur exceptionnel, digne de susciter le buzz. Il avait décidé que Dell devait préparer un portable ultra-plat parce que, après la sortie du MacBook Air, l'ultraportable était très en vogue. (Dell n'était pas du genre précurseur.)

Comme Garriques a demandé à Mick de lui fournir un calendrier pour ce projet, il est allé consulter ses ingénieurs. Ceux qui auraient à concevoir et à fabriquer un ordinateur portable aussi fin pensaient qu'il fallait au moins un an avant de mettre le produit sur le marché. Il est beaucoup plus difficile de créer un portable ultra-mince que de concevoir un ordinateur de bureau, car les efforts de miniaturisation prennent du temps.

Mick a fourni cette réponse à Garriques, qui n'a pas du tout apprécié. Bien qu'ayant peu de points communs avec Steve Jobs, Garriques maîtrisait l'un des principes de la Simplicité.

Il savait ce qu'il voulait et n'allait pas tolérer un refus. Il avait décidé d'avoir un portable ultra-plat en six mois, soit la moitié du délai normalement nécessaire. Ne pouvant exiger davantage de ses ingénieurs, Mick restait sur sa position. On lui avait dit sans équivoque que le délai ne pouvait pas être raccourci.

Frustré par ce refus, Garriques a cherché la solution ailleurs. Il avait travaillé autrefois pour la division téléphonie du groupe Motorola, où la miniaturisation était chose courante. Si les ingénieurs de Motorola étaient capables de regrouper tous leurs merveilleux circuits dans un appareil de poche, il imaginait qu'ils pourraient faire des miracles pour un ordinateur portable. Aussi est-il allé débaucher des ingénieurs qu'il connaissait chez Motorola. Ils ont promis de fournir un portable en six mois.

Maintenant que Garriques avait ce qu'il voulait, Mick s'est retrouvé dans une situation que je ne connaissais que trop bien : il avait qualifié sa mission d'impossible, alors qu'en réalité elle était possible.

Mais, si Garriques pouvait relever le défi de la Simplicité, s'opposer aux refus et obtenir son portable épatant dans les délais de son choix, pourquoi l'Adamo s'est-il révélé un tel échec ?

J'ai mentionné au début de ce livre que la Simplicité est une proposition « tout ou rien », que vous ne pouvez pas en choisir les ingrédients à la carte. Garriques n'était pas un disciple de la Simplicité mais un exécutif animé d'une idée fixe. Il a bien rejeté la Complexité au début du projet, mais en lui laissant des ouvertures. Le projet Adamo a vite sombré dans la Complexité, sur le plan du prix, de la disponibilité, du marketing et de la fiabilité.

L'Adamo était un ordinateur portable à 2 500 dollars, vendu par une société connue pour proposer des portables près de quatre fois moins cher ! C'était une machine qu'il fallait tenir en main pour en apprécier la légèreté, et pourtant elle était uniquement vendue en ligne. Sa promotion s'est faite par des publicités dignes du magazine *Vogue*, avec de très beaux mannequins, mais diffusées dans la presse économique et sur des sites spécialisés. Plusieurs mois après son lancement, les ventes de l'Adamo atteignaient quelques milliers d'exemplaires, tandis que celles du MacBook Air se comptaient par millions. Même après un petit remodelage au bout d'un an, l'Adamo n'a jamais décollé ; et Dell a finalement dû en abandonner la production.

Mais ils l'ont sorti très vite, ça, c'est sûr.

De l'importance des détails

On parle souvent du plaisir pris à déballer un produit Apple. Sur YouTube, on trouve d'innombrables vidéos qui commentent étape par étape l'ouverture du carton d'un produit siglé de la marque à la pomme. Vues de l'extérieur, ces vidéos pourraient passer pour la manifestation d'un culte puéril pour Apple. Après tout, c'est juste une boîte !

Pour Apple, le carton est beaucoup plus qu'une simple boîte. La société s'ingénie à fournir à ses clients un ressenti de grande qualité, et les premiers instants, ceux du déballage des produits, jouent un grand rôle dans ce ressenti.

C'est un euphémisme de dire qu'Apple attache de l'importance à ses emballages. Le groupe chargé de la conception du packaging travaille dans une salle fermée au sein des locaux des autres créatifs. Ce qu'ils y font est aussi secret que le travail des ingénieurs. C'est normal, puisqu'on en apprend plus en lisant l'emballage qu'en voyant le produit lui-même.

Le packaging a connu des années noires chez Apple. Certains se souviennent que la société avait imposé de sévères restrictions budgétaires durant l'absence de Steve Jobs. Les beaux cartons blancs imprimés en couleurs furent alors remplacés par du carton brun ordinaire avec une ou deux couleurs. Il m'en reste un au grenier, et ça me fait de la peine de le voir parce qu'il me rappelle la mauvaise période d'Apple. C'est la boîte d'un vieux PowerBook, et elle ne contient que quelques pièces de calage en carton moulé. C'est l'emballage le moins élégant et le plus ordinaire que l'on puisse imaginer.

Quand les valeurs et les priorités d'Apple ont changé, grâce au retour de Steve Jobs, les détails de ce genre ont repris toute leur importance… au point de motiver des personnes autrement normales à filmer leur séance de déballage !

Les concepteurs du conditionnement chez Apple ont de grands mérites. Mais ils ne fabriquent pas eux-mêmes les emballages dans leur salle secrète. Ils dépendent de divers sous-traitants pour réaliser leurs rêves. Eux aussi ont affaire à des personnes qui disent : « Désolé, c'est impossible. »

Apple se donne autant de mal dans les petits détails parce qu'elle tient à ce que ses clients aient une impression de qualité dès les premiers instants. Même s'ils ne perçoivent pas les menus détails, les clients ont plaisir à toucher la boîte et sont d'autant plus impatients de toucher le bijou qu'elle renferme. À cet égard, le conditionnement suit le même principe que les boutiques Apple. Les visiteurs ne remarquent pas tous les petits détails mais perçoivent le design élégant et soigneux du lieu. Tous les détails comptent, même ceux qui passent inaperçus.

Il y a quelques années, un responsable des emballages chez Apple m'a raconté avec beaucoup de fierté une anecdote décrivant le soin méticuleux apporté à la conception du conditionnement. Dans cet épisode, Apple s'était obstinée quand un sous-traitant avait répondu qu'une partie du conditionnement posait problème et devait être remplacée.

Ce concepteur avait imaginé une superbe boîte pour un nouvel appareil Apple. À l'intérieur, le produit reposait dans une niche soutenue par un minuscule morceau de polystyrène. Cette pièce était si petite que sa fabrication posait un problème : elle fondait sous la chaleur du moule. Le sous-traitant a donc informé Apple que le problème était insoluble et qu'il fallait revoir la conception de la boîte en tenant compte des lois de la physique.

L'équipe de concepteurs était mécontente. Ils avaient une idée précise et des forces extérieures en jeu. De plus, Steve Jobs avait déjà approuvé ce design, de même que chaque détail du produit. Il fallait que quelqu'un se dévouât pour l'informer que l'emballage allait changer ou pour faire pression sur le sous-traitant.

Fidèles à la philosophie Apple, les concepteurs ne voulaient pas de compromis. Sous la forme d'une menace à peine voilée, ils ont dit au sous-traitant qu'Apple n'allait pas changer son emballage, mais que lui devrait changer ses machines. Si les moules en acier étaient trop chauds, pourquoi ne pas utiliser des moules en aluminium ?

Et c'est ce qu'il a fait, à grands frais. Les petites pièces de polystyrène ont donc pu être produites sans souci. Les propriétaires de ces appareils Apple bénéficièrent d'un emballage parfait, même si personne n'a jamais remarqué ce petit bout de polystyrène caché au fond de la boîte.

Les concepteurs chez Apple ont compris que la réponse du sous-traitant évoquant l'impossibilité du projet signifiait en réalité que le projet était impossible sans efforts extraordinaires. C'est incroyable ce que l'on peut accomplir quand on craint de perdre un bon client !

L'invention de l'Apple Store ou comment ignorer les défaitistes

Le discours de Steve Jobs à l'université de Stanford a marqué les esprits parce que sa sincérité était évidente. Il a alors parlé de l'importance de découvrir une voie qui mène à une vie véritablement épanouie. C'était une tâche redoutable pour lui de s'adresser à de jeunes diplômés, alors que lui-même avait abandonné ses études assez tôt.

Ses paroles adressées à de futurs hommes d'affaires sont aussi utiles à des dirigeants aguerris :

> *Ne laissez pas le brouhaha extérieur étouffer votre voix intérieure. Ayez le courage de suivre votre cœur et votre intuition.*

Il ne s'agissait pas seulement de donner des conseils pour le choix d'une carrière. Steve décrivait une règle importante en affaires. C'est une règle qu'il a toujours suivie et qui l'a aidé à repousser l'esprit malveillant de la Complexité durant la quasi-totalité de sa vie. Il faut parfois une bonne dose de ténacité pour insister dans une direction quand les défaitistes sont convaincus que vous courez à l'échec.

Voyez l'exemple de la chaîne de magasins Apple.

Du temps où Apple se relevait de son agonie, elle avait encore de gros obstacles à surmonter. Jobs était convaincu que si les acheteurs potentiels pouvaient s'asseoir devant un Mac avec quelqu'un pour leur démontrer sa facilité d'emploi, ils devenaient faciles à convaincre. Le problème était de mettre ces conditions en place. Il y avait très peu de magasins où il était possible de se familiariser avec un Mac, et encore moins où les vendeurs avaient la motivation d'en faire une démonstration correcte. Apple débutait avec son Apple Store en ligne, c'était un bon point, mais il n'y avait pas d'échange personnel, face à face, dans la vente en ligne.

Ainsi, en 1997, Steve Jobs a annoncé un accord avec la chaîne américaine de magasins informatiques CompUSA, par lequel cette dernière s'engageait à installer une boutique Apple à l'intérieur de ses boutiques. L'annonce de ce partenariat a été accueillie avec un certain enthousiasme puisqu'il allait permettre à tous de voir de près les produits Apple dans des endroits faciles d'accès partout aux États-Unis.

Le projet n'a pas eu l'effet escompté. Les gens avaient certes accès aux produits Apple, mais ils étaient relégués dans un recoin des magasins CompUSA. Il fallait vraiment les chercher en traversant un dédale d'équipements pour PC. Si vous demandiez à un vendeur de CompUSA si l'iMac était mieux qu'un PC, il s'empressait de vous montrer un bel ordinateur HP moitié moins cher, car il avait peu de motivation à vous vendre l'iMac !

CompUSA n'allait donc pas résoudre le problème d'Apple. Dans un monde dominé par les PC, tous équipés de Windows, Apple était le vilain petit canard. Convaincre un client qu'Apple avait un meilleur système d'exploitation exigeait plus qu'une exposition au fin fond d'un magasin CompUSA avec un vendeur sans enthousiasme. Si Apple voulait regagner la part de marché perdue pendant ses années sombres, elle aurait besoin d'une nouvelle approche radicalement différente.

Ainsi est née l'idée de l'Apple Store. Pour mettre au point ce concept et diriger ces futures boutiques, Steve Jobs a recruté Ron Johnson, qui s'était rendu célèbre en améliorant l'ambiance des supermarchés Target.

Aujourd'hui, il est difficile de trouver quelqu'un qui n'apprécie pas les boutiques Apple. On les considère comme l'un des plus grands succès du secteur de la distribution. On les cite comme référence, leur rentabilité au mètre carré surpassant celle du joaillier Tiffany. La réussite de la chaîne Apple Store est aujourd'hui indéniable.

Il y avait déjà des vautours dans l'air. À l'époque, ils se préparaient à s'abattre sur la chaîne Gateway Country qui avait ouvert en 1996. Mais on pouvait facilement les imaginer après cela tourner leur intérêt vers les nouvelles boutiques d'Apple. Se lancer dans cette aventure au moment où une autre chaîne de magasins d'informatique connaissait un sort funeste semblait soit naïf soit très audacieux.

Apple n'avait aucune expérience dans la distribution et seulement 3 % de part du marché des ordinateurs (la même part de marché que Gateway). Personne n'a donc été surpris quand un spécialiste comme David Goldstein, président de Channel Marketing, a pronostiqué dans une interview du magazine *BusinessWeek* :

> *Je leur donne deux ans avant de mettre la clé sous la porte et mettre fin à une erreur aussi douloureuse que coûteuse.*

L'opinion défaitiste de M. Goldstein a été largement diffusée, au point de devenir l'emblème du pronostic erroné.

Bloomberg Businessweek n'a pas fait mieux en publiant un article intitulé « Désolé Steve, voici pourquoi les magasins Apple ne marcheront pas ».

Apple possède aujourd'hui 350 magasins situés aux meilleurs emplacements dans le monde. Leur fréquentation annuelle est exceptionnelle, supérieure à celle des quatre plus grands parcs d'attractions de Disney. Courant 2011, les magasins Apple rapportaient plus de trois milliards de recettes annuelles. La cerise sur le gâteau est que plus de la moitié des visiteurs ne sont pas des habitués du Mac, si bien que ses boutiques sont devenues le premier atout d'Apple pour regagner des parts de marché. Quelques années plus tôt, l'idée qu'Apple pouvait effectuer un retour marquant contre les PC était ridicule. Maintenant, c'est un fait établi. Mi-2011, la croissance du nombre de Mac livrés dépassait celle des PC pour le vingtième trimestre consécutif.

Apple savait qu'en édifiant ses temples dédiés à la Simplicité dans des lieux très fréquentés, elle pourrait commencer à établir les relations en tête à tête qui lui manquaient. Son objectif était de fournir une expérience d'achat qui serait d'aussi bonne qualité que ses produits.

Même si l'on est convaincu qu'Apple avait raison de mettre en place ses boutiques, la démarche adoptée paraissait étonnamment risquée. Au lieu de faire comme Gateway avec ses magasins ordinaires, façon supermarché, Apple a opté pour le luxe.

La société a fait appel à des architectes et designers célèbres. Elle a choisi des matériaux de première qualité pour concrétiser sa vision, même si cela impliquait de les importer de pays lointains. La qualité était la même partout. Les douzaines de boutiques Apple qui sont apparues répondaient toutes aux mêmes exigences, ces vitrines de la marque Apple étaient spectaculaires. L'Apple Store de la Cinquième Avenue à New York, par exemple, est devenu un point de repère au milieu des gratte-ciel, bien qu'il ne mesure que dix mètres de haut.

Dans cette boutique, le sol est carrelé de marbre italien. Les colonnes en acier, réalisées par un procédé unique, proviennent de Tokyo. Les parties vitrées sont la création d'une firme de design allemande.

Les détracteurs d'Apple se frottaient les mains de voir la société investir si lourdement dans un projet aussi risqué. Ce qu'ils ne voyaient pas était qu'Apple était en train d'établir une représentation physique de sa marque. La marque Apple se veut garante de qualité, de design et de Simplicité ; et ses magasins concrétisent ces trois valeurs. Ses boutiques sont épurées et attirantes, chaque détail ayant été soigneusement calculé.

Ce qui compte le plus chez Apple, c'est le ressenti du client. L'objectif est de lui donner satisfaction et plaisir à toutes les étapes de sa relation avec Apple. De ses publicités à son site Web, en passant par l'achat, le déballage, l'emploi au quotidien, la réparation et l'assistance technique, Apple s'attache à dégager les mêmes valeurs et la même impression.

Avant l'avènement des boutiques Apple, il ne manquait qu'une étape, celle de l'expérience d'achat. La vente n'étant pas sous son contrôle, la société était dans la position inconfortable d'avoir à dépendre de la qualité de service d'autrui. L'assistance n'était pas toujours à la hauteur, puisque les clients pouvaient seulement communiquer avec Apple par téléphone ou par l'intermédiaire de représentants indépendants.

Pour garantir à ses clients une meilleure qualité de service lors de l'achat et ultérieurement, Apple devait prendre les choses en main. Les magasins Apple allaient combler ce vide. Apple n'écoutait pas ceux qui prédisaient son échec, et rien n'aurait pu l'empêcher de croire en son projet de distribution.

Rares sont les idées en affaires qui ne rencontrent aucune forme d'opposition, à l'intérieur comme à l'extérieur d'une entreprise. Steve Jobs savait depuis longtemps que, pour mener à bien une idée de génie, il faut ignorer les avis négatifs et se concentrer sur son projet.

Il faut dépasser les limites pour garantir la survie des idées géniales.

Chapitre 10
Penser en guerrier

« Vous savez que nous pourrions être poursuivis pour cela, dit Steve. Et ce n'est pas forcément négatif. »

C'était en 1998 dans la salle du conseil. Sous les yeux de Steve Jobs se trouvait une nouvelle campagne publicitaire conçue pour susciter plus que de la surprise. Étalée sur deux pleines pages d'un journal, on voyait l'image en gros d'un escargot portant sur sa coquille ce qui était alors la puce la plus rapide d'Intel pour PC. Ce camouflet faisait suite à un spot télévisé largement diffusé sur les principales chaînes du pays. Ce spot de trente secondes montrait en gros plan le même escargot traversant l'écran sous le poids de cette même puce.

Les deux publicités proclamaient avec insolence que la puce des nouveaux Mac était deux fois plus rapide que celle d'Intel.

Steve avait raison. Intel n'allait pas apprécier, et c'était justement notre but. La Simplicité étant constamment en guerre contre la Complexité, il lui faut parfois agir avec l'agressivité qui s'impose.

Je vous rappelle que cet épisode se déroulait seulement quelques mois après le retour de Steve Jobs à la tête d'Apple, et bien avant que les puces Intel ne viennent équiper tous les

Mac. Les affiches *Think different* étaient omniprésentes, mais l'iMac était encore en préparation.

À l'époque, les PC représentaient 97 % du marché des ordinateurs au niveau mondial. Presque tous les PC tournaient avec des processeurs Intel, tandis que les Mac étaient équipés de la puce PowerPC, fruit des efforts conjoints d'IBM et de Motorola. Entre le déclin notoire d'Apple et le fait que les anciennes puces PowerPC n'étaient pas très rapides, dans l'esprit du public les PC surpassaient les Mac en vitesse. Or, les ingénieurs d'Apple venaient de nous fournir une nouvelle arme puissante. Leurs rapports prouvaient que la nouvelle puce du Power Mac G3 était réellement plus rapide que la puce d'Intel.

Nous savions très bien qu'Intel pouvait réagir de multiples façons, les poursuites judiciaires étant la première option. « Vous imaginez l'affaire publiée dans *BusinessWeek* ? » demanda Steve. Il voyait déjà à quoi ressemblerait l'article dans ce magazine avec l'image en gros de la puce Intel sur l'escargot au milieu du texte qui relaterait le procès intenté par Intel contre Apple. Il savait aussi que la société Intel devait prendre garde à son image si elle décidait d'attaquer la pauvre petite Apple, en lutte pour sa survie. Intel aurait tout intérêt à bien réfléchir avant d'attaquer en justice, car l'affaire ferait encore plus de publicité pour Apple.

L'image de l'escargot dans le spot *Snail* fut le premier acte de la guerre unilatéralement déclarée contre Intel. L'équipe de création à son origine, constituée par le directeur artistique Michael Rylander et le rédacteur Tom Witt, avait imaginé deux autres attaques. Vint ensuite le spot *Toasted* dans lequel nous faisions cramer un type en combinaison de sécurité, comme ceux des publicités d'Intel. Dans *Toasted*, Apple s'excusait auprès d'Intel de griller sa marque en public avec les résultats de ses tests. La trilogie se complétait avec *Steamroller*, spot dans lequel un rouleau compresseur broyait une rangée d'ordinateurs portables, métaphore de la puissance des nouveaux PowerBook qui écrasait les PC.

Les adeptes des PC ont bien sûr été indignés. Comment Apple pouvait-elle se permettre ces affirmations ? « Tout le monde sait que les Mac ne sont pas aussi rapides que les PC. Ils doivent truquer les chiffres ! » Intel a répondu à nos attaques en se contentant de publier le résultat de tests sur son site pour réfuter nos affirmations. Il n'y a pas eu de poursuites judiciaires. En débattant de cette question, Intel a finalement aidé Apple à atteindre son objectif. Même si les résultats des tests comparatifs étaient mis en doute, les Mac sont soudain devenus un sujet de conversation. On commençait à les prendre au sérieux.

Pour Steve, c'était mission accomplie. Il démontrait les prouesses techniques d'Apple et faisait savoir que la société avait retrouvé toute sa fougue. Les grandes innovations, à commencer par l'iMac, allaient bientôt déferler.

Les attaques contre Intel n'étaient qu'un début maintenant que Steve était de retour à la barre. Il y aurait encore d'autres batailles savoureuses.

Il est bon d'avoir des ennemis

La Simplicité permet de se concentrer sur un sujet. Inversement, la concentration sur un sujet contribue à atteindre la Simplicité. La déclaration de guerre contre Intel a été une tactique très efficace pour forcer le public à se concentrer sur un sujet : envisager les Mac comme une alternative sérieuse aux PC.

Ce n'était pas la première fois qu'Apple réglait le tir sur un ennemi particulier, mais certaines attaques ont été plus fructueuses que d'autres. Je pense notamment à la campagne mentionnée dans un chapitre précédent, lorsque Apple s'est attaquée à Microsoft en comparant la méthode facile du Macintosh à celle, complexe, de Windows. Mais il est difficile de faire adhérer à une idée, et cette campagne n'a pas converti énormément d'utilisateurs de Windows.

À son retour en 1997, Steve Jobs a dit à ses employés qu'il leur faudrait changer de façon de penser, en résumant la situation ainsi : « Nous devons cesser de penser que Microsoft doit perdre pour que nous gagnions. La bataille pour les ordinateurs de bureau est terminée, et nous l'avons perdue. » Apple était son propre ennemi à l'époque. La société avait besoin de concentrer son énergie à faire de bons produits sans se soucier des concurrents. Il serait temps plus tard de s'en occuper, à condition qu'Apple survive.

Microsoft étant retirée de sa liste d'ennemis, Steve Jobs a fait des efforts pour l'adopter comme ami. Lors du premier salon Macworld suivant son retour, il a annoncé un nouveau partenariat avec Microsoft. En échange de l'abandon des poursuites engagées contre Microsoft, Bill Gates a promis de fournir pendant cinq ans une version de Microsoft Office pour Mac et d'investir 150 millions de dollars dans Apple. Certains ont gémi et failli s'étouffer en voyant Steve sur scène devant un écran géant dialoguer par connexion vidéo avec Bill Gates à Seattle. Le Big Brother du célèbre spot *1984* d'Apple pouvait aussi bien symboliser Gates qu'IBM, et Steve Jobs était là, tranquille, à conclure un accord avec lui. Pour beaucoup, cela ressemblait à une reddition. D'ailleurs, dans la biographie écrite par Walter Isaacson, Steve Jobs lui-même décrit ce moment comme la plus grosse erreur qu'il ait jamais commise dans une présentation. L'image géante de Gates au-dessus de Steve donnait l'impression que Microsoft dominait Apple.

Dans les premiers temps suivant le retour de Steve, nombreux exprimaient leurs doutes quant à la capacité d'Apple à se redresser, même avec Jobs à sa tête. Parmi eux, on comptait Michael Dell. Interrogé sur sa stratégie s'il était P-DG d'Apple, il répondit : « Je déposerais le bilan et rendrais son argent aux actionnaires. » Cette réplique mortelle faisait désormais de Dell un nouvel ennemi pour Apple. Au cours d'une réunion interne un mois plus tard, Steve Jobs a projeté au cours de sa présentation sur écran une grande image de Michael Dell ornée d'une cible et dit : « On te retrouvera, mon pote ! » De quoi galvaniser ses troupes…

Choisir Intel comme ennemi était une décision facile. Tous les principaux fabricants de PC utilisaient des puces Intel, et cette société inondait l'espace avec sa campagne *Intel Inside*, devenant ainsi le représentant naturel de toute l'industrie des PC. Attaquer Intel nous a permis d'attaquer ensemble tous les fabricants de PC sans avoir à les mentionner par leur nom. Et cette attaque a attiré l'attention sur Apple, parce que notre affirmation semblait tellement incroyable à première vue.

Avec du recul, il semble ironique qu'Apple eût ciblé ses attaques sur Intel. En effet, plusieurs années plus tard, Steve Jobs a pris la décision radicale d'abandonner la puce PowerPC au profit des puces Intel. Lors de cette annonce, le P-DG d'Intel, Paul Otellini, est monté sur scène aux côtés de Steve Jobs. Il avait apporté le vieux spot d'Apple *Toasted* qu'il a projeté avant son discours pour prouver qu'Intel avait le sens de l'humour et que les deux sociétés avaient fait du chemin depuis la création de cette publicité.

Bien que la Simplicité fût à l'origine de la guerre contre Intel, adopter les processeurs Intel pour les Mac a grandement simplifié les choses pour Steve Jobs. Avec ce changement, il a entièrement éliminé l'un des principaux arguments contre Apple. D'un seul coup, Mac et PC étaient à égalité, du point de vue de leur processeur. Au lieu de lutter contre de vieux préjugés, les publicités d'Apple pouvaient maintenant se concentrer sur les avantages du Mac : innovation, design et Simplicité.

Des années plus tard, alors qu'Apple se cherchait un nouvel ennemi, elle a eu le plaisir de recycler un vieil adversaire. Tout comme Intel avait représenté tout le secteur des PC autrefois,

Microsoft pourrait remplir le même rôle. Après tout, l'accord entre Steve Jobs et Bill Gates avait expiré depuis longtemps…

La guerre contre Microsoft s'est matérialisée par la campagne *Mac vs. PC*, lancée en 2006. Au travers des dialogues percutants entre les personnages incarnant le Mac et le PC, les faiblesses de Windows Vista étaient mises en évidence une à une. Virus, plantages intempestifs, problèmes de mise à niveau… Apple n'épargnait rien. La campagne avait tellement de succès que chaque nouvel épisode devenait un sujet de conversation au bureau et entre amis. La popularité de la campagne *Mac vs. PC* commençait à faire tellement de tort à Microsoft qu'elle a répliqué avec sa propre campagne où figuraient divers personnages qui proclamaient fièrement : « Je suis un PC. » Celle-ci n'est pas restée dans les mémoires, tandis que *Mac vs. PC* attire encore de nombreux visiteurs sur YouTube.

Apple a découvert au fil des ans qu'il est amusant d'avoir un ennemi. Et si la guerre est bien menée, elle se révèle rentable.

Utiliser toutes les armes disponibles

Un dimanche après-midi, alors que je discutais au téléphone avec Steve Jobs d'une publicité en préparation, nous avons été interrompus par un appel sur son autre ligne. Il m'a mis en attente avant de dire : « Je te rappelle dans dix minutes. »

Dix minutes plus tard, en effet, le téléphone sonnait. « Tu sais qui c'était ? » m'a demandé Steve. Le ton de sa voix indiquait que je ne devinerais jamais et qu'il mourait d'envie de me raconter.

Sans originalité, j'ai répondu : « Non, qui donc ? »

« C'était Bill Clinton ! »

Même aujourd'hui, ce serait impressionnant, mais à l'époque Clinton était le président des États-Unis en exercice. Steve Jobs avait de bonnes relations avec les Clinton. La famille Jobs vivait dans une maison relativement modeste, mais Steve possédait une grande propriété dans laquelle les Clinton résidaient lors de leur passage en ville en diverses occasions. Située en haut d'une colline avec un grand parc, cette maison convenait tout à fait au service de sécurité du président.

Clinton appelait ce jour-là pour répondre à une faveur que Jobs lui avait demandée. Pour comprendre le rôle joué par Clinton, il faut revenir quelques semaines en arrière.

La campagne *Think different* battait son plein, nous avions un grand nombre de publicités dans les magazines et dans les rues, chacune représentant une personnalité du siècle. Lors de nos réunions habituelles qui se tenaient toutes les deux semaines, nous discutions souvent de nouvelles figures à intégrer dans la campagne.

Les idées pour de nouveaux héros étaient très variées. L'agence cherchait toujours de nouvelles possibilités. Et comme la campagne avait atteint une certaine notoriété, des personnalités se proposaient pour y participer. Durant l'une de nos réunions, Steve Jobs est arrivé avec une proposition de taille : il voulait l'image de Nelson Mandela.

Il nous a décrit la personnalité extraordinaire qu'était Mandela et quel honneur ce serait de l'avoir dans notre campagne. Ce n'était pas une tactique opportuniste pour faire parler d'Apple. Sa motivation sincère était de rendre hommage à une figure politique qu'il admirait.

Mais il y avait un problème. À l'époque, Mandela était le président de l'Afrique du Sud. Et nous n'arrivions pas à imaginer comment un chef d'État pourrait avoir envie de figurer dans une publicité Apple. Nous avons quand même informé Steve que nous allions nous renseigner pour voir si l'idée était envisageable. Nous n'avons pas tardé à recevoir un refus poli de la part des proches de Mandela, que nous avons aussitôt relayé à Steve.

Il n'était pas fâché, mais déçu. Fidèle à ses principes de Simplicité, ce refus ne l'a pas arrêté. Il avait une solution.

« Je pourrais demander à Bill Clinton de nous aider », a-t-il proposé.

Oui, bien sûr, le président... Mais pourquoi n'y avions-nous pas songé ? Steve a dit qu'il verrait si Clinton pouvait intercéder auprès de Mandela en faveur d'Apple, puis nous n'en avons plus entendu parler pendant quelque temps.

Revenons donc à ce fameux dimanche, quand j'étais au téléphone avec Steve pendant que le leader du monde libre appelait sur l'autre ligne pour rendre compte de sa mission.

J'ignore si Clinton avait pu parler avec Mandela ou seulement à son équipe, mais cette fois encore, la réponse était négative. Selon Steve, Mandela était prêt à l'envisager, mais il faudrait attendre au moins six mois après qu'il eût quitté son poste. Il avait déjà annoncé son intention de se retirer, mais il restait encore plusieurs mois avant la fin de son mandat.

Ainsi, la campagne *Think different* a été contrainte de se poursuivre sans les services de Nelson Mandela. Lequel a dû s'accommoder d'être remplacé au pied levé par quelqu'un comme Charlie Chaplin... Steve était toujours déçu, mais au moins il avait la satisfaction d'avoir tout essayé, y compris l'appui du président.

Le plus important est qu'il a respecté l'un des principes essentiels de la Simplicité : il ne s'est rien refusé. Il a exploité toutes les armes à sa disposition pour faire avancer son projet. Et s'il a échoué, ce n'est pas faute d'avoir essayé.

Déployer une force écrasante

J'imagine aisément que vous n'avez pas le numéro du président de la République enregistré dans votre téléphone, et que vous ne pouvez pas non plus demander un coup de main au Premier ministre.

Toutefois, ce que vous *pouvez* faire est généralement suffisant. Vous pouvez vous assurer que vous ne laissez rien au hasard quand vous faites valoir vos idées. Pour cela, il ne faut pas hésiter à tomber dans l'excès. En vous montrant gonflé, en utilisant uniquement les armes les plus efficaces à votre disposition, vous donnez à vos idées les meilleures chances de survie. Considérez l'affaire comme une guerre (car c'en est une) et avancez tel un commandant à la tête d'une armée écrasante.

Face aux forces de la Complexité, la dernière chose qu'il vous faut est un combat équitable. Une victoire écrasante est plus décisive qu'une courte victoire. Elle marque le terrain pour influencer vos prochaines batailles. Conclusion : évitez le lance-pierres si vous avez la possibilité d'utiliser un canon.

Les circonstances diffèrent d'un cas à l'autre, et vous seul connaissez les ressources à votre disposition : trouver des alliés en prévision d'une réunion décisive afin d'avoir plusieurs voix de votre côté ; exploiter les résultats d'une étude pour soutenir votre point de vue et réfuter les arguments contraires ; vous rendre directement dans le bureau de votre P-DG pour obtenir le feu vert qui éviterait le blocage ou le retard imposé par les formalités habituelles ; ou encore faire venir un consultant pour renforcer votre force de frappe et votre crédibilité.

Le plus important est que vous devez faire tout ce qui est en votre pouvoir pour représenter votre travail en personne jusqu'en haut de la hiérarchie. S'il y avait une déclaration des droits pour ceux qui produisent des idées, cela serait l'Article 1. Si c'est une autre personne qui rend compte de votre travail à l'échelon supérieur chez le client ou dans l'entreprise, il est probable qu'elle ne sera pas animée d'autant de passion que vous. Et si elle se heurte à une opposition, elle jettera l'éponge plus volontiers que vous ou acceptera des compromis que vous auriez refusés. C'est la nature humaine.

Vous ne devez jamais baisser les bras. Vous ne devez pas accepter de terminer sur un match nul, parce que l'égalité profite à la Complexité. Vous éviterez les échanges de tir à l'arme légère. Il ne suffit pas d'entailler le bras de la Complexité, il faut la démembrer. N'oubliez pas que ce qui est en jeu, c'est l'idée que vous représentez, ainsi que votre statut dans l'entreprise.

Si vous omettez d'attaquer en force, vous risquez deux conséquences déplaisantes : tout d'abord, la probabilité accrue d'un échec, puis les nuits d'insomnies que vous passerez à vous demander ce qui serait arrivé si vous aviez eu recours à l'artillerie lourde.

Tous les nouveaux projets et les idées nouvelles se heurtent à une certaine résistance. Elle provient des défaitistes adeptes du *statu quo*, de ceux qui jugent la chose impossible ou de ceux qui ne sont pas assez motivés pour fournir les efforts nécessaires.

Il est plus facile de briser la résistance avec une force de frappe écrasante. N'ayez pas peur de dire que vous ne pouvez pas y parvenir seul. Même Steve Jobs pouvait reconnaître les limites de son autorité. Il n'a pas hésité à décrocher le téléphone pour obtenir un service, quitte à déranger un type qui était occupé à diriger un pays.

La Simplicité : l'arme de guerre ultime

Nous savons que la Simplicité est fragile. Elle a besoin d'un défenseur pour avoir la garantie de sortir indemne des procédures qui entourent tout projet ou tentative.

Adopter une attitude guerrière est fort utile, car cela vous hisse au-dessus des obstacles que la Complexité met sur votre chemin. Identifier un ennemi et l'attaquer avec une force écrasante se révèle souvent efficace. Mais l'intérêt de tout cela est de permettre à la Simplicité de rayonner, car c'est la meilleure arme en affaires.

Pour preuve, voyez le lancement du premier iPhone.

Avec toutes ses fonctions de pointe si faciles d'accès, l'iPhone était l'incarnation de la Simplicité. C'était le fruit d'une société qui avait déjà fait ses preuves avec un autre appareil de poche révolutionnaire. Et il entrait sur un marché où les clients en avaient marre du *statu quo*.

Autrement dit, l'arrivée de l'iPhone était une tempête de Simplicité, et une tempête bienvenue.

La situation aurait pu être différente si Apple était passée directement de la fabrication d'ordinateurs à celle de smartphones. Or, les six années précédant la sortie de l'iPhone, Apple a connu un grand succès avec l'iPod et iTunes, qui a littéralement changé le cours des choses. La marque à la pomme a en effet gagné le cœur des utilisateurs de Mac et de PC en démontrant ses compétences à créer des appareils de poche qui étaient de vrais bijoux. Ensemble, l'iPod et iTunes ont changé nos vies, en démontrant à des dizaines de millions d'utilisateurs de quoi Apple était capable.

Apple s'est imposée comme doublement experte : en miniaturisation sur le plan technique et en Simplicité sur le plan philosophique.

Aussi, quand les rumeurs ont commencé à circuler qu'Apple préparait un téléphone, le buzz s'est entretenu de lui-même. Au-delà de l'annonce d'une nouveauté, le buzz s'amplifiait par l'attitude des consommateurs vis-à-vis de leur appareil et de leur opérateur de téléphonie. Ils se plaignaient que les téléphones étaient quelconques, pas très élégants, et que les opérateurs se souciaient peu de leurs clients. Nous vivions avec notre mobile, mais sans l'aimer. Avec tout ce buzz, l'iPhone était perçu à l'avance comme le sauveur, le mobile qui allait nous délivrer de l'oppression.

Le monde qu'Apple s'apprêtait à envahir avec l'iPhone était dominé par le BlackBerry. Cet appareil était apprécié pour sa fonction particulière : l'accès aux e-mails partout à tout moment. Chez Apple, comme ailleurs, beaucoup de monde dépendait d'un BlackBerry pour assurer son activité, y compris ceux qui travaillaient dans l'équipe de production de l'iPhone.

En tant que dévots de la Simplicité, les membres de cette équipe avaient bien identifié la faiblesse du BlackBerry : sa Complexité. Cet appareil offrait des fonctionnalités intéressantes, mais elles se nichaient au fond d'une telle cascade de menus que même les plus avertis des utilisateurs pensaient rarement à les utiliser. L'idée d'Apple était la Simplicité même : créer un mobile pour gérer les appels téléphoniques et les e-mails, qui intégrerait un iPod et donnerait accès au Web. L'essentiel étant que toutes ces fonctions seraient si faciles d'emploi et si évidentes que leur utilisation semblerait naturelle. Comme pour les autres produits Apple, le mode d'emploi serait superflu.

Vu les compétences confirmées d'Apple avec l'iPod et iTunes, le marché potentiel mondial de milliards de consommateurs (mécontents pour la plupart) et cet appareil conçu pour surpasser de loin tous les smartphones par son esthétique et ses fonctions, tous les ingrédients étaient réunis pour une tempête idéale comme le secteur de l'électronique grand public n'en avait jamais traversé.

Et c'est ce que produisit l'iPhone.

Il devait ses capacités à la technologie, mais on l'adorait pour sa Simplicité. Apple a trouvé une combinaison parfaite qui s'est révélée une arme super puissante.

Apple avait besoin d'une telle puissance parce qu'elle ne s'attaquait pas uniquement au BlackBerry. Elle entrait en guerre sur un marché dominé par de grosses entreprises déjà très riches. Elle allait affronter des titans qui avaient investi lourdement dans le *statu quo* : des fabricants de mobiles comme Motorola, LG et Nokia, et les opérateurs de téléphonie.

Peu après la sortie de l'iPhone, nous avons vu à quel point la Simplicité pouvait être une arme efficace. Le mot « révolution » ne suffit pas à décrire la situation. L'iPhone a bien sûr été adopté aussi bien par les technophiles que par les technophobes, parce qu'ils pouvaient l'utiliser intuitivement. Fruit de l'amour d'Apple pour la Simplicité, l'iPhone ne s'utilise pas comme un ordinateur alors que c'est exactement ce qu'il est.

Pour beaucoup, il est facile de tomber amoureux de l'iPhone. Avec son design impeccable et ses fonctions incroyables, c'est le genre d'appareil qui donne le sourire dès qu'on le touche.

L'iPhone, évidemment, n'était qu'une extension de ce qu'Apple avait toujours fait. En 2006, deux ans avant l'annonce de sa sortie, Steve Jobs évoquait la capacité de son entreprise à simplifier les problèmes complexes dans une interview à *Newsweek* :

> *Quand vous vous attaquez à un problème, les premières solutions que vous trouvez sont très complexes, et la plupart des gens ne vont pas plus loin. Mais si vous poursuivez, laissez mûrir la réflexion et continuez de retirer des couches de ce gros oignon, vous parvenez généralement à des solutions aussi simples qu'élégantes.*

En quelques mots, Steve a parfaitement résumé la différence entre Apple et tant d'autres sociétés. Une fois qu'Apple trouve une solution, ce n'est que le début. C'est en retirant les couches de Complexité qu'Apple est capable de donner vie à sa magie.

Ce principe ne s'applique pas uniquement à la création de produits. Vous pouvez suivre la même approche pour la création de présentations. Je n'ai jamais lu de texte qui ne gagnerait pas à perdre quelques mots, même s'il a déjà été allégé plusieurs fois. Si vous acceptez de remettre encore et encore sur le métier votre ouvrage, vous trouverez toujours quelque chose à éliminer. C'est en atteignant la quintessence de votre idée que vous obtiendrez quelque chose dont vous serez fier.

Conclusion
Penser différent

Si vous croyez au pouvoir de la Simplicité, par définition vous pensez différemment, et vous êtes d'une espèce plutôt rare sur cette planète. La Simplicité a beau être l'une des forces les plus puissantes qui soit, c'est l'arme d'une minorité.

C'est une très bonne nouvelle pour vos affaires. La Simplicité étant une denrée rare, elle n'en a que plus de valeur. Les entreprises qui exploitent son pouvoir peuvent se démarquer de la concurrence. Les personnes qui la maîtrisent sont des atouts d'autant plus précieux pour leur société.

La Simplicité est toujours originale

Avant de commencer à mettre en pratique vos compétences en Simplicité, n'oubliez pas un fait crucial : une idée simple n'est pas forcément une meilleure idée. La qualité entre également en jeu.

Si vous avez une idée vraiment neuve et intéressante, la mise en œuvre des principes de la Simplicité peut vous propulser vers des sommets vertigineux. Une mauvaise idée, cependant, reste mauvaise quels que soient vos efforts pour la simplifier. Et malheureusement, votre dévotion envers la Simplicité ne vous empêche pas d'avoir de mauvaises idées.

Même Apple, société connue pour être un bastion d'Intelligence et de Bon Sens, a commis quelques gaffes mémorables. Certaines étaient de mauvaises idées dès le départ, quand d'autres étaient de bonnes idées qui ont dégénéré. Heureusement pour elle, la marque à la pomme possède une bonne police d'assurance : plus de 80 milliards de liquidités (en octobre 2011). Comme Steve Jobs le disait lui-même, ce sont ces réserves qui donnent à Apple la liberté de déborder d'imagination. Elle sait que si les choses tournent mal, elle pourra toujours retomber sur ses pieds.

Puisque la plupart d'entre nous n'ont pas le moindre milliard en banque, il est rassurant de savoir que la Simplicité offre son propre plan de secours. En adhérant à ses principes, vous découvrirez qu'il est plus facile de se remettre d'une erreur et, parfois même, d'en sortir renforcé.

Une souris maladroite

L'échec le plus fameux d'Apple est la souris ronde qui était livrée avec le premier iMac, puis avec le Power Mac G3. Même les plus fervents adeptes d'Apple la détestaient. Elle était toute ronde, et le problème avec cette forme est qu'on ne savait pas dans quelle direction la souris pointait. De ce fait, quand on se remettait au travail, il était fréquent de voir le pointeur filer dans une direction inattendue. Pourquoi Apple n'a pas pris conscience de ce défaut avant de commercialiser cette souris reste un vrai mystère. La souris ronde a alimenté les critiques selon lesquelles Apple donnait la priorité à la forme au détriment de la fonction.

Quelques mois après la sortie de la souris ronde, avant un salon Macworld à New York, Steve Jobs m'a invité dans sa chambre d'hôtel à Manhattan pour revoir des publicités en préparation. Une fois ce travail terminé, nous avons discuté de choses et d'autres, et je n'ai pas pu m'empêcher d'évoquer la souris. Cette histoire m'obsédait parce que la presse s'acharnait contre elle et que, de mon côté, j'avais préféré acheter une souris d'une autre marque, plus pratique pour mon iMac.

J'ai fourni à Steve une dose de la sincérité brutale qu'il appréciait, lui disant que l'histoire de la souris nuisait à la marque. Mais ce qui me dérangeait le plus était la manière dont nous traitions les clients professionnels. Ce n'était déjà pas terrible de fournir cette souris aux acheteurs de l'iMac (pour un usage domestique en général), mais ceux qui achetaient le Power Mac G3 en faisaient un usage professionnel. Pour eux, cette souris était une ineptie. Ils ne pouvaient pas passer leurs journées sur l'ordinateur avec une souris aussi peu maniable.

« Je pense que cette souris est une véritable insulte à l'encontre des utilisateurs professionnels », je lui ai dit.

Il y a eu un instant de silence pendant lequel Steve est resté assis, sans sourire. Au début, j'ai eu peur d'avoir dépassé les bornes. Puis, impassible, il m'a regardé en disant : « Qu'ils aillent se faire foutre. »

Il m'a laissé cogiter une seconde ou deux avant d'éclater de rire.

Il aimait ses clients, les professionnels et les autres, il s'était juste amusé à me mettre mal à l'aise. Il savait très bien qu'Apple avait fait une erreur, et la société s'activait déjà à remplacer la souris ronde. La prochaine serait superbe, une souris laser transparente d'une grande précision. Les pros, et tous les autres, en seraient ravis. Apple avait déjà dépassé son erreur, sans juger utile de le faire savoir.

Steve Jobs a dit à ce propos dans une interview :

Parfois, quand on innove, on fait des erreurs. Il est préférable de les reconnaître sans tarder et de s'activer à améliorer ses autres innovations.

La Simplicité n'aime pas s'empêtrer dans de vieux problèmes. Elle préfère de loin aller de l'avant. Bien qu'il soit délicat d'admettre ses erreurs, les clients apprécient ces élans d'honnêteté. Lorsque la nouvelle souris a été dévoilée, la souris ronde est devenue un lointain souvenir.

Le Power Mac G4 Cube a été une autre bourde mémorable d'Apple, même si la beauté de son design l'a fait intégrer la collection permanente du musée d'Art moderne de New York. Le problème du Cube était son prix trop élevé. Malgré tous leurs efforts, les ingénieurs d'Apple n'ont pas réussi à réduire son coût. Steve a reçu cette nouvelle juste avant l'une de nos réunions habituelles, et il en semblait bouleversé. Il s'était investi dans le Cube avec l'espoir qu'il serait abordable pour le grand public, mais voilà que son prix serait celui d'un ordinateur professionnel. Sous le coup de la déprime, il a reconnu que le prix risquait de faire échouer ce produit. En effet, Apple a cessé la production du Cube seulement un an après son lancement.

C'est là un autre exemple où Apple a su réagir vite pour résoudre un problème et passer à autre chose. Le Cube G4 n'a été qu'un incident de parcours, le vide qu'il a laissé a vite été comblé par d'autres innovations.

Valeur de la marque

Comme une société peut connaître des succès et des échecs sur sa trajectoire, Steve Jobs misait beaucoup sur la valeur de sa marque.

Selon lui, la marque d'une entreprise fonctionne comme un compte en banque. Lorsque la société agit positivement, en lançant par exemple une bonne campagne publicitaire ou un produit remarquable, elle augmente son crédit. Lorsqu'elle subit un revers, avec une souris bancale ou un ordinateur trop cher, elle diminue son crédit. Si le compte de la marque reste équilibré, les clients sont prêts à oublier les incidents de parcours. Si la balance est négative, ils sont davantage tentés d'aller voir ailleurs.

Steve parlait souvent de l'importance de conserver la bonne image de marque d'Apple. Il lui a été plusieurs fois bénéfique d'avoir une marque forte bénéficiant d'un bon crédit. L'affaire la plus négative ces dernières années est la désormais célèbre controverse de l'« Antennagate ». Après le lancement de l'iPhone 4, Apple a été dénigrée par les journalistes et les blogueurs influents à propos d'un problème de réception attribué à un défaut de son antenne. Malgré le flot d'attaques dans la presse et à la télévision, les clients n'ont pas lâché Apple. Aujourd'hui, cet épisode est perçu comme une réaction excessive, sans conséquence à long terme.

Avoir une image de marque positive au départ fait toute la différence.

Exploiter le pouvoir de la Simplicité

Les exploits accomplis par Apple ces dix dernières années sont incalculables.

Ces exploits sont le fruit de brillants ingénieurs, designers, fabricants et marketeurs qui réalisent des miracles grâce à une rare combinaison de compétences techniques, de sensibilité artistique et d'insolente audace. Ils s'imposent des critères absurdement élevés, exigeant la perfection dans les moindres détails.

Dans ces conditions, la Simplicité peut-elle vous aider à concevoir la prochaine Apple ? Non, à moins que vous ne disposiez de milliers d'employés parmi les plus compétents du secteur. La Simplicité peut-elle vous aider à obtenir des résultats spectaculaires dans votre activité ? Sans aucun doute. En effet, la Simplicité n'est pas un objectif en soi, c'est la ligne directrice qui aide une entreprise à atteindre ses objectifs. C'est en appliquant les principes de la Simplicité dans votre travail et aux procédures de votre société que vous constaterez son pouvoir.

C'est ce qu'a fait Apple : adopter un concept dont l'action est si élémentaire qu'il peut s'appliquer efficacement dans tous les domaines au sein de l'entreprise. Apple s'attelle à une tâche extrêmement difficile, mais elle y parvient parce que sa dévotion pour la Simplicité est sans faille.

En tant que promoteur de la Simplicité, vous devez vous fixer des objectifs ambitieux. Il n'y a pas de raison que la Simplicité n'aide pas votre entreprise à grimper plus haut et ne vous aide pas à développer une compétence qui vous valorise davantage.

Puisque les êtres humains ont une prédisposition pour la Simplicité, nous avons tous la capacité à exploiter son pouvoir. Maintenant que vous avez vu comment Apple adhère aux lois de la Simplicité, il est temps de songer à quelques moyens pratiques d'en faire autant de votre côté :

Faire preuve de franchise. Inutile de vous montrer méchant, il vous suffit d'être franc et d'éviter les vérités partielles. Demandez à vos interlocuteurs d'en faire autant. Ils seront plus concentrés, plus positifs et plus productifs s'ils n'ont pas à deviner ce que vous pensez. Qu'elles soient positives ou négatives, toutes les interactions devraient reposer sur la sincérité. Vous éviterez ainsi de perdre de l'énergie et un temps précieux plus tard.

Travailler en petits groupes. Prêtez serment d'allégeance au concept des petits groupes de brillants esprits. Rappelez-vous bien ce principe pour la formation des équipes vouées à plancher sur un nouveau projet. C'est un élément-clé de la Simplicité, et vous devez le faire appliquer. Les petits groupes intelligents fournissent de meilleurs résultats avec davantage d'efficacité et un meilleur moral. De plus, méfiez-vous des plans de projets qui n'incluent pas la participation régulière du décideur final. S'il n'apparaît qu'à la fin pour approuver ou refuser, c'est la condition idéale pour engendrer de la frustration et un travail médiocre.

Pratiquer la réduction. N'oubliez pas que chaque fois que vous tentez de communiquer plusieurs idées, vous divisez l'attention du destinataire de votre message, qu'il s'agisse de clients ou de collègues. S'il est nécessaire de délivrer plusieurs messages, trouvez un thème commun qui les réunit et insistez sur cette idée. Vous voulez que votre message soit retenu, mais plus vous y mettez d'idées, plus il est difficile de s'en souvenir.

N'oubliez pas que l'abondance de choix est néfaste. Votre proposition sera plus séduisante si vous réduisez le choix.

Rester en action. Il est difficile de définir le délai idéal pour un projet. Mais une fois que vous l'aurez trouvé, vous aurez un modèle qui favorise la réussite. Si vous ne pouvez pas définir le délai vous-même, tâchez d'influencer ceux qui en ont la charge. La plupart des gens ont tendance à accepter les délais imposés, mais ils ont tort. Le bon délai est aussi important que la bonne composition des équipes. Méfiez-vous d'un délai confortable, car nous savons tous qu'un peu de pression fait avancer les choses avec résolution. Avec un délai trop large, vous risquez de vous disperser en écoutant d'autres opinions et de voir vos idées détériorées. Faites en sorte que l'équipe reste toujours active et que le projet avance.

Penser en termes d'emblèmes. Même si vous n'œuvrez pas dans le marketing, vous aurez intérêt à cristalliser votre pensée avec une image qui symbolise votre idée. Et si vous faites du marketing, c'est une obligation. Pour toutes les présentations que vous ferez, tous les produits que vous vendrez ou toutes les personnes que vous voudrez convaincre, n'oubliez jamais le pouvoir de l'image pour galvaniser votre public. Attention : il y a une énorme différence entre trouver une bonne image et décorer une présentation PowerPoint. Le décor est déjà trop chargé partout et dépourvu de sens pour l'essentiel. Trouvez une image conceptuelle à la fois simple et forte, qui rende l'essence de votre idée.

Que vous vous adressiez à vos collègues ou à un public anonyme, c'est le même principe qui s'applique. Sur la durée, une image emblématique permet à tous d'identifier facilement votre société, votre idée ou votre produit. Les images mémorables sont souvent plus expressives que des mots, ce qui explique pourquoi les adeptes de la Simplicité ont recours aux images fortes.

Travailler la formulation. Toutes les sociétés ou presque ont besoin de faire des efforts dans le domaine de l'expression. Les mots ont du poids, mais plus de mots n'ont pas plus de poids : ils risquent au contraire de semer la confusion. Comprenez que dans la communication en interne comme à l'adresse de vos clients, une longue dissertation n'est pas forcément preuve d'intelligence. La longueur du discours aurait plutôt tendance à faire fuir.

Bien que tous les auteurs n'aient pas l'air au courant, utiliser des mots savants ne vous fait pas forcément paraître plus intelligent. La meilleure façon de donner une bonne image de vous-même ou de l'entreprise est d'exprimer une idée avec simplicité et clarté. Quel que soit le public, il est plus efficace de s'exprimer avec naturel au moyen de phrases simples et d'un vocabulaire simple. L'expression la plus pertinente de la Simplicité consiste à en dire beaucoup avec peu de mots.

Le site Web d'Apple est un bon exemple de communication avisée. L'habileté de sa rédaction se retrouve partout, mais l'impression positive qui s'en dégage provient surtout de sa concision et de sa pertinence. Dans un monde où le style affecté domine, le naturel et la Simplicité sont très reposants.

Le même principe s'applique à la dénomination des produits. Les noms simples et naturels se retiennent mieux, ce qui n'est pas le cas du jargon et des numéros de modèles. Si vous souhaitez que les clients s'attachent à votre produit, il faut lui donner un nom qu'on associe naturellement au produit. Le nommage de produits est un domaine dans lequel la Simplicité offre un rendement immédiat.

Rester informel. Faites comme Steve Jobs, rejetez les attributs des grosses sociétés. Opérer comme une entreprise plus petite avec moins de hiérarchies rend le personnel plus productif, ce qui multiplie vos chances d'augmenter la taille de votre société. Les réunions orchestrées à la seconde près et les présentations formalisées servent à transmettre les informations d'une personne à une autre, mais elles n'ont pas pour effet d'inspirer ni de rapprocher les membres d'une équipe. Admettez que vous obtiendrez plus en parlant avec les gens plutôt qu'en leur faisant une présentation. Vous avez bien d'autres occasions de vous mettre sur votre trente et un et de suivre des cérémonials. En interne et au quotidien avec vos clients, évitez les formalités.

Nombre de grandes idées originales sont nées de briefings informels, où les slogans et expressions ont surgi au détour d'une conversation. C'est même ainsi que furent trouvées certaines des formules les plus percutantes d'Apple. Si vous voulez récolter les bénéfices de la Simplicité, il faut voir grand, mais éviter d'agir avec grandiloquence. Comme le prouve l'exemple de Steve Jobs, l'une des manières les plus efficaces de devenir une grande entreprise consiste à conserver la culture d'une petite entreprise.

Rester humain. À l'exception du domaine médical, en affaires il n'y a pas de place pour les choses aseptisées. Ayez l'audace de vous détacher des chiffres et des feuilles de calcul pour laisser parler votre cœur. Gardez à l'esprit que l'intangible a autant de poids, voire plus, que les données mesurées. La façon la plus simple, et la plus efficace, d'établir un lien avec les êtres humains et de leur parler d'une voix humaine. Si votre activité vous impose de cibler des groupes distincts, n'oubliez pas que chaque cible est un être humain, et les humains réagissent à la Simplicité.

Un seul conseil : restez humain !

Douter, mais pas de soi. Attendez-vous à ce que la première réaction soit négative. Les forces de la Complexité vous diront toujours qu'une chose est impossible, même si en réalité vous ne faites que demander un effort inhabituel. Vous obtiendrez certainement de meilleurs résultats en comptant sur le talent de vos collaborateurs pour faire des miracles qu'en croyant ceux qui s'empressent de fournir des réponses négatives.

Ne laissez pas le découragement d'autrui vous imposer des compromis. Si vous ne pouvez pas obtenir satisfaction avec une personne ou un sous-traitant, allez voir ailleurs. S'il y a un domaine dans lequel Steve Jobs méritait bien sa réputation d'être imbuvable, c'était celui-ci. Il était implacable pour l'exécution de ses idées et exigeait le maximum de son personnel.

Soyez fier aussi de votre indépendance et de votre objectivité. Examinez les faits et les opinions par rapport au contexte. Tenez compte de l'expertise de ceux qui vous conseillent, mais nuancez ces opinions en fonction d'éléments qui échappent peut-être à vos conseillers, comme vos objectifs à long terme. Steve Jobs savait que le coût à court terme, même très élevé, serait souvent compensé par le bénéfice à venir. Les bons dirigeants ont l'aptitude à saisir le contexte et à décider en conséquence. La Simplicité n'a pas peur d'agir selon le Bon Sens, même si cela va à l'encontre de l'opinion d'un expert.

Se comporter en guerrier. Les situations extrêmes appellent des mesures extrêmes. Si vos idées sont menacées, c'est une situation extrême. Comme un soldat au combat, vous ne pouvez pas vous permettre de prendre un seul coup, alors soyez sûr de tirer le premier. Retenez ceci : quand la survie de votre idée est en jeu, pas question de livrer un combat équitable ! Exploitez toutes les armes disponibles. Si possible, utilisez une méthode déloyale. Et n'oubliez jamais que l'arme la plus efficace pourrait être la passion que vous ressentez pour votre idée.

Répandre la religion de la Simplicité

Nous avons une tendance naturelle à résister au changement, petit ou grand, c'est pourquoi il est difficile de faire changer les comportements dans l'entreprise. Mais l'exemple de Steve Jobs va faciliter vos efforts.

Il a créé une entreprise si remarquable et connu une réussite si spectaculaire que même ses adversaires les plus féroces respectent son parcours. Ses accomplissements fascinent bien sûr les acteurs du secteur technologique et marketing mais aussi ceux de tous les autres secteurs. En effet, les innovations d'Apple ont touché le monde entier, tandis que la vie de Steve Jobs faisait la une des journaux.

Ainsi, lorsque vous vantez les mérites de la Simplicité, vous ne vous appuyez pas sur une théorie farfelue inventée par un quelconque gourou du management : vous parlez d'un outil puissant manié par l'une des personnalités les plus marquantes de l'histoire, dont la réussite n'est plus à démontrer. Si vous rappelez les avantages dont a bénéficié Apple en adoptant la Simplicité et faites les parallèles adéquats avec votre activité, vous aurez de bons arguments de votre côté.

Vous pouvez répandre la religion de la Simplicité projet par projet, en tâchant de convaincre les groupes ou les individus un par un. Le mieux serait d'organiser une réunion du groupe ou de la société entière pour expliquer comment l'entreprise pourrait exploiter le pouvoir de la Simplicité. Dans cette réunion, vous pouvez rallier les troupes et leur demander de faire des propositions pour simplifier les opérations à tous les niveaux : formalités courantes, composition et habilitation des équipes de projets, création des produits et services, interactions avec la clientèle, *etc.* Il est difficile de forcer les gens à suivre de nouvelles règles, mais si vous savez les convaincre au point qu'ils apportent leur pierre à l'édifice avec leurs propres suggestions, vous réussirez à déclencher le changement.

La Simplicité peut être contagieuse. Une fois que vous aurez convaincu vos collaborateurs de ses avantages, elle pourra devenir une véritable obsession, comme cela a été le cas chez Apple, avec les résultats que l'on connaît.

L'héritage de Steve Jobs

Comme nous l'avons vu dans l'exemple d'Apple, la Simplicité peut prendre diverses formes. Il peut s'agir d'une idée ou d'un produit fini. Elle peut se manifester dans l'inspiration initiale, dans le résultat final ou tout au long de la procédure qui mène de la première à la dernière étape.

C'est normal, puisque la Simplicité est un concept. C'est un prisme à travers lequel vous envisagez chacune de vos actions, mais aussi le travail de vos collègues, voire tout le *modus operandi* de votre entreprise. Dès que vous commencerez à tout examiner dans l'optique de la Simplicité, vous serez étonné du nombre de procédures que vous pourriez améliorer dans votre entreprise.

Vous pourriez cibler certains aspects de votre activité. Mais la Simplicité agit mieux, comme chez Apple, quand elle s'applique partout dans l'entreprise. C'est l'effet combiné de son application à tous les niveaux qui a propulsé Apple dans son essor miraculeux. Steve Jobs a insufflé la religion de la Simplicité au plus profond de l'âme de l'entreprise, si bien qu'elle peut continuer à prospérer de nombreuses années encore.

À cet égard, le plus bel accomplissement de Jobs ne fut pas le Mac, l'iPod, l'iPhone ni l'iPad. Il a accompli ce que personne avant lui n'avait envisagé. Steve Jobs a édifié un monument à la Simplicité.

Ce monument, c'est l'entreprise Apple.

Preuve du pouvoir de la Simplicité, Apple est un exemple à suivre pour ceux qui veulent adopter la Simplicité. Pour ce faire, il vous suffit de comprendre ce concept, de vous engager en sa faveur et d'y mettre de la passion, quoiqu'une certaine dose d'acharnement à la Steve Jobs aiderait beaucoup.

Ce ne sera pas une tâche facile, parce que vous vivez dans un monde compliqué. Mais vos efforts seront fructueux pour cette même raison. Dans un mode plein de Complexité, ceux qui prennent le parti de la Simplicité se démarqueront toujours.

Bonne simplification !

« Il est plus difficile de faire simple que de faire compliqué. En effet, s'éclaircir les idées pour réussir à faire simple demande beaucoup d'efforts, mais ils sont mérités car, une fois que l'on y arrive, on peut déplacer des montagnes. »

Steve Jobs

Remerciements

Ce livre a mûri inconsciemment dans ma tête pendant une ou deux décennies. Je dois beaucoup à tous ceux qui m'ont ouvert les yeux par leurs confidences.

Le premier de tous est Steve Jobs. Je le remercie encore de ne pas m'avoir expulsé à notre première rencontre alors qu'il n'avait pas été consulté avant mon embauche. Sans cela, ce livre traiterait de mes aventures en tant que publicitaire dans le secteur des assurances.

Je remercie aussi Lee Clow, patron de l'agence TBWA\Chiat\Day, qui m'a permis de devenir directeur de création auprès de Steve. C'était ma quatrième mission pour l'agence, et si Lee Clow s'était lassé de moi après la troisième, ce livre n'aurait pas vu le jour.

Je n'aurais pas l'occasion de remercier aujourd'hui Steve Jobs et Lee Clow sans l'intervention de Steve Hayden. C'est lui qui m'a donné la chance de travailler sur le compte Apple quand il a quitté Chiat pour BDDO du temps de John Sculley. Des années plus tard, il m'a fait pénétrer dans l'univers d'IBM avec l'agence Ogilvy. Hayden a donné le ton des publicités Apple, et je l'ai toujours pris pour modèle.

Les circonstances qui m'ont conduit à écrire ce livre sont plus récentes.

Lorsque Valérie Hausladen, une ancienne collègue d'Austin, m'a demandé mon aide pour créer son blog, cela m'a incité à me lancer dans un blog à mon tour. Ensuite, quand elle m'a demandé de relire le manuscrit de son livre, *Professional Destiny*, j'ai eu l'idée moi aussi d'écrire un livre. Enfin, c'est elle qui m'a suggéré d'assister au salon Book Expo à New York où j'ai trouvé les bons contacts pour mener mon projet à bien.

Ma chère voisine, Sara Schneider, qui travaillait alors dans l'édition (avant de trouver sa voie dans la pâtisserie), m'avait invité à passer la voir sur le stand de son éditeur au Salon du livre. Par pur hasard, elle m'a présenté à Todd Stattersten, spécialiste de l'édition professionnelle, qui a été intéressé par mon idée et a proposé de m'aider. C'est incroyable comme il connaît bien son métier !

Il connaît surtout d'excellents agents littéraires et m'a conduit directement vers Christy Fletcher, qui a tout de suite adhéré à mon projet avec enthousiasme. C'est elle qui m'a mis en rapport avec l'équipe de Portfolio, notamment avec l'éditeur Adrian Zacheim, qui a su me mettre en confiance.

Je tiens à remercier l'éditrice Courtney Young pour son étonnante capacité à reformuler mes idées et à me motiver à poursuivre l'aventure.

Je dois aussi remercier ses collègues de Portfolio, Amanda Pritzker, Eric Meyers et les maquettistes, qui m'ont tous apporté un grand soutien.

J'adresse un grand merci à mon attachée de presse Angela Hayes et à tout le personnel de Goldberg McDuffie.

Ma reconnaissance va aussi à tous ceux dont la patience et les conseils m'ont aidé à mener ce projet à son terme.

Michael Rylander et Tom Witt m'ont grandement assisté. Notre amitié, longue de vingt ans, date de notre collaboration pour NeXT. Michael a participé à la conception de plusieurs passages de ce livre, tandis que Tom a consacré beaucoup de temps à me relire et à me conseiller. Tous deux m'ont aidé à éclaircir dans ces pages mes souvenirs obscurs.

Stephen Sonnefeld a été mon collaborateur de nombreuses années pour les comptes d'IBM, Intel et Dell. Je le remercie pour les souvenirs et les analyses qu'il m'a fournis ici.

Ma sœur, Zita Segall, linguiste au Portugal, a été ma conseillère personnelle, disponible en permanence, pour répondre à toutes mes interrogations. Mon frère Norm s'est chargé des questions juridiques liées à ce livre.

Allen Olivo, responsable du marketing chez Apple du temps de la campagne *Think different*, a été un excellent compagnon durant cette période critique et un interlocuteur parfait pour raviver les vieux souvenirs.

Rob Kell, designer à Austin mais Californien dans l'âme, était là pour juger mes écrits avec un œil neuf et pour me soutenir moralement.

Stan Slap, auteur de *Bury My Heart at Conference Room B*, a bien voulu donner de son temps pour m'aider à comprendre l'art de l'écriture d'un livre et de sa promotion.

Enfin, un immense merci à ma femme Susan et à notre fils Jeremy, pour qui j'ai joué l'homme invisible pendant plus d'un an, absorbé par la rédaction de cet ouvrage. Mais puisqu'ils sont partis en vacances sans moi, nous sommes quittes ! J'ai apprécié leur patience et promets de me racheter sans tarder.

Il y a beaucoup d'autres personnes dont le soutien et les commentaires m'ont aidé dans ce projet de rédaction, et je leur adresse à tous ma gratitude.

Ken Segall

Index

B

C

D

E

J

K

R

S

Cet ouvrage a été imprimé
en juillet 2012 par

CPI

FIRMIN-DIDOT

27650 Mesnil-sur-l'Estrée
N° d'impression : 113503